热带『大食物观』

——湛江动科特色农业博览园

欧阳欢　主编

中国农业科学技术出版社

内容摘要

民以食为天，国以粮为安。本书基于树立“大食物观”，保障粮食安全，更好满足人民日益增长的美好生活需要的大背景，从中国传统粮食观、消费需求理论等出发，介绍“大食物观”发展内涵、政策指引、开发利用进展，分析我国食物消费趋势，结合湛江动科特色农业博览园建设科普基地实践，探索构建热带“大食物观”发展模式，精心打造热带“大食物观”生动样板，科学践行热带“大食物观”精准路径，以期为我国“大农业＋大食物＋大健康＋大科技”发展提供示范和借鉴，以更好推动科技服务农业强国的责任与担当，促进新时期热区农林牧副渔实现更高质量的发展。

图书在版编目（CIP）数据

热带“大食物观”：湛江动科特色农业博览园 / 欧阳欢主编. -- 北京 : 中国农业科学技术出版社，2025. 1. -- ISBN 978-7-5116-7252-0

Ⅰ. F327.653

中国国家版本馆 CIP 数据核字第 20252EW449 号

责任编辑 姚 欢
责任校对 王 彦
责任印制 姜义伟 王思文

出 版 者 中国农业科学技术出版社
北京市中关村南大街 12 号 邮编：100081
电 话 （010）82106631（编辑室）（010）82106624（发行部）
（010）82109709（读者服务部）
网 址 https://castp.caas.cn
经 销 者 各地新华书店
印 刷 者 中煤（北京）印务有限公司
开 本 185 mm × 260 mm 1/16
印 张 13.625
字 数 300 千字
版 次 2025 年 1 月第 1 版 2025 年 1 月第 1 次印刷
定 价 98.00 元

《热带“大食物观”——湛江动科特色农业博览园》

编 委 会

主　　编：欧阳欢

副 主 编：周汉林　陈影霞　张小燕　余树华

参编人员（以姓氏笔画排序）：

马德勇　王丽媛　王海勇　刘江平　刘益男　江　杨

孙剑舟　严晓丽　李文秀　李启彪　李裕展　吴　群

邱勇辉　宋付平　张华林　张雪姣　陈福海　欧阳诚

罗　萍　周海强　徐志军　黄智敏　韩建成　燕　青

前言

Preface

民以食为天，国以粮为安。“大食物观”是加快建设农业强国、推进农业农村现代化的重要观念，也是习近平总书记关于“三农”工作的重要论述。食物系统由来自自然环境中的植物、动物和微生物的多样化食物资源的生产、加工、储存、流通、制备和消费等整个产业链条所构成。在“大食物观”背景下，粮食安全已不仅局限于稻谷、小麦、玉米三大主粮，还包括蔬菜、水果、肉、水产、蛋、奶、糖、油等食物。面临全球气候变化、国际政治和经济格局不稳、全球贸易保护主义抬头的国际形势，以及人口基数大、城镇化水平快、食物消费结构升级的国内新形势，如何持续提高粮食安全综合保障能力是“三农”工作的重中之重。在迈向全面建设社会主义现代化国家的征程中，如何确保我国粮食和食物供给的安全，已成为保障总体国家安全必须解决的一个突出问题。

在全球食物安全形势依然严峻的背景下，我国正致力于构建一个更加多元化、可持续的食物供给体系。早在1990年，习近平就在《摆脱贫困》一书中提出“现在讲的粮食即食物，大粮食观念替代了以粮为纲的旧观念”。党的十八大以来，以习近平同志为核心的党中央高度重视树立大食物观。2015年，中央农村工作会议提出“树立大农业、大食物观念，推动粮经饲统筹、农林牧渔结合、种养加一体、一二三产业融合发展”，这是中央层面首次正式提出大食物观。2016年中央一号文件首次写入“树立大食物观，面向整个国土资源，全方位、多途径开发食物资源，满足日益多元化的食物消费需求”，并将“大食物观”

作为优化农业生产结构和区域布局的重要内容。2017年，习近平总书记在中央农村工作会议上指出“树立大农业观、大食物观，向耕地草原森林海洋、向植物动物微生物要热量、要蛋白，全方位多途径开发食物资源”，这标志着大食物观“元表述”的形成，已成为习近平新时代中国特色社会主义思想的有机组成部分。党的二十大报告明确指出要“树立大食物观，发展设施农业，构建多元化食物供给体系”，标志着“大食物观”正式成为中国式现代化建设的指导性理念之一。

我国土地资源类型复杂多样，耕地、林地、草地、荒漠、滩涂等均有大面积分布。2022年底，自然资源部调查结果显示，全国拥有耕地19.14亿亩、园地3.45亿亩、林地42.62亿亩、草地39.68亿亩、湿地3.52亿亩和水域5.44亿亩。随着土地资源的日益紧张，解决吃饭问题已不能单纯依靠有限的耕地。充分利用林地、草地、湿地和水域资源，可以实现食物供给的多元化，不仅有利于提高食物供给的稳定性和可持续性，还可以促进生态环境的保护和恢复。因此，亟须树立“大食物观”理念，探讨如何挖掘和优化食物供给来源，推动森林、草原、江河湖海等自然资源的合理利用，发展设施农业和未来食物技术，构建可持续的多元化食物供给体系。

湛江动科特色农业博览园位于湛江市麻章区，占地面积300亩（1亩≈666.67平方米），由中国热带农业科学院湛江实验站开发管理。园区遵循“大农业＋大食物＋大健康＋大科技”发展理念，以热带休闲农业、草畜农业、循环农业、轮作农业、旱作农业、健康农业、林下农业、水体农业、设施农业、园林农业等10种类型现代农业为主题，以展示热带养殖动物等300余种新品种、新技术、新产品、新模式为核心，科学开展“大食物”科普主题、精心设计“大农业”研学产品、传承弘扬“大健康”传统文化和丰富发展“大科技”时代成果为特色，旨在打造一座集科研试验、健康养殖、生态示范、科普教育、研学体验、休闲旅游、文化交流于一体的人与自然、动物、植物、微生物和谐共生的国家热带农业科技博览园。

本书基于树立“大食物观”，保障粮食安全，更好满足人民日益增长的美好生活需要的大背景，从中国传统粮食观、公共产品理论、消费需求理论等出发，介绍“大食物观”开发利用进展，分析我国食物消费趋势，结合湛江动科特色农业博览园建设科普基地实践，探索构建热带“大食物观”发展模式，精心打造热带“大食物观”生动样板，科学践行热带“大食物观”精准路径，以期为我国“大农业 + 大食物 + 大健康 + 大科技”发展提供示范和借鉴，更好推动科技服务农业强国的责任与担当，促进新时期热区农林牧副渔实现更高质量的发展。

本书是在 2024 年中国热带农业科学院基本科研业务费专项“‘大食物观’科普展示园区构建研究”（1630102024013）、2023 年中国热带农业科学院基本科研业务费专项“热带特色休闲农业园区科普工作路径研究”（1630102023010）、2023 年广东省科技创新战略专项资金项目科普专题“湛江市‘大食物观’科普展示园构建”（2023A01040）、2023 年广东省科技创新战略专项资金项目科技成果转移转化平台建设专题（2023A01008）等研究成果基础上完成的。

本书由中国热带农业科学院湛江实验站组织编写，本书的选题、论证、内容收集过程参考了大量文献和网络资料，得到了行业专家悉心指导。在此，谨向上述科技、生产及所有为本书提供资料、建议的同仁和专家表示衷心感谢！书中难免存在疏漏和不足，恳请各位读者、同仁提出宝贵意见，待今后修订再版时继续考证和修改补充。

编委会

2024 年 12 月

目 录

Contents

第一章

“大食物观”概述

第二章

“大食物观”开发利用

第三章

湛江动科园践行案例

第四章

园区资源

第五章

保障我国食物安全路径

第一章

“大食物观”概述

一 树立“大食物观”的背景意义

（一） 树立“大食物观”的意义

食物系统由来自自然环境中的植物、动物和微生物的多样化食物资源的生产、加工、储存、流通、制备和消费等整个产业链条所构成。食物供给的最高目标是不断满足人民对美好生活的内在需要。人们对优质营养健康的食物需求日益迫切。在党和国家的高度重视和政策支持下，我国粮食产量已经实现“十九连丰”，从当年4亿人吃不饱到今天14亿多人吃得饱、吃得好，有力回答了“谁来养活中国人”之问。进入新发展阶段，人民对美好生活的食物消费需求进一步升级，对粮食和重要农产品的供给在数量、种类和质量等方面提出了更高要求，端稳端牢中国饭碗、中国人的饭碗主要装中国粮仍然面临诸多考验。因此，树立“大食物观”，全方位、多途径开发食物资源，构建多元化食物供给体系，具有重要的时代意义。

1. “大食物观”是破解人民对美好食物需求和供给之间矛盾的有力抓手

一是食物需求状况影响食物供给的数量和质量。改革开放以来，我国居民人均可支配收入不断增加，对食物资源的需求更加多样化，也更加重视安全营养。“大食物观”顺应时代发展规律，符合人民生活需要。它推动食物供给侧改革，构建多元化食物供给体系，及时化解社会矛盾。这是党和国家在自然资源有限的情况下，不断满足人民美好生活需要的重要体现。“大食物观”要求向耕地草原森林海洋、向植物动物微生物要热量、要蛋白，全方位多途径开发食物资源。通过丰富食物资源，优化各种食物的品质，进而缓解人民对美好食物需求和平衡供给之间的矛盾。做好“特”字文章，“大食物观”要求加快培育优势特色农业，打造高品质、有口碑的农业“金字招牌”。质量兴农既要产得出、产得优，也要卖得出、卖得好。市场调节是破解食物资源供需矛盾的有力抓手。关注食物安全问题，既是消费者需求的升级，也是中国共产党努力探索人民对美好食物需求和平衡供给之间矛盾的破解。

二是确保国家主粮安全和保障食物安全。为积极应对新形势下人民对美好食物的需求变化，国家积极推动农业供给侧结构性改革，试图从食物生产源头解决平衡供给难题。我国主粮产量已连续数年保持增产增收，并通过18亿亩耕地红线筑牢粮食安全。“大食物观”要求从耕地资源向整个国土资源拓展，从而全方位、多途径开发食物资源，拓展食物品种，实现各类食物供求平衡，更好地满足人民群众日益多元化的食物消费需求。我国粮食供给更加重视保质量，“大食物观”为保障食物安全提供科学的理论指导。国家实施乡村振兴战略，加快建设农业强国，致力于更好地增进民生福祉，创造高品质生活以及推动高质量发展。这与“大食物观”的逻辑意义高度一致。

2.“大食物观”是全面提升农产品质量和食物安全水平的科学指南

一是中国式现代化离不开农业强国建设。农业强则国家强。农业供给侧结构性改革的紧迫任务是对农业生产结构和生产力布局进行大调整，突出科学技术在农业发展中的作用，实现农业由总量扩张到质量提升的转变。中国走质量兴农之路，既要突出农业绿色化、优质化、特色化和品牌化，又要发挥市场在资源配置中的决定性作用，农民种什么、养什么，应在政府的主导下跟着市场走。密切关注并积极破解与民生福祉、国家安全息息相关的“构建多元化食物供给体系”问题。农产品质量决定食物质量。基于“大食物观”标准，食物安全既要保证数量质量的安全，还要满足人民群众对食物丰富多样、美味营养、健康品位的消费需求。“大食物观”要求人类以多途径、全方位地向大自然要热量。新科技、新种子、新种养殖方式等将被广泛应用。

二是基于“大食物观”提升中国食物安全水平。我国已经实现基本口粮自主供给的绝对安全，并推动中国特色鲜食玉米品种走向全球。我国成为世界首个养殖产量超过捕捞量的渔业大国，实现从海洋资源大国迈向海洋资源强国。全国以森林种植、养殖、采集等为主的林下经济年产值持续增长，进而为构建多元化食物供给体系提供资源基础。我国森林中仅木本植物就有8 000多种，其中已被开发、利用的只是极少部分。能生产木本粮油的树木是人类重要的食物来源。农林牧副渔业正朝着质量全面提升的道路发展，食物安全水平得以提高，人民的获得感、安全感和幸福感日益增强。基于“大食物观”的现代农业发展，为加快农业强国建设强基固本。健全多元化食物供给体系，以“大食物观”推动食品行业高质量发展，进而提升食物安全水平。

3.“大食物观”是加快农业强国建设和推进乡村全面振兴的有效路径

一是“大食物观”助力农业强国建设和乡村全面振兴。无论是满足人民美好生活需要、实现高质量发展，还是确保国家安全，都离不开“大食物观”的践行。在保障粮食安全基础上，“大食物观”突出多元化食物供给体系构建，契合农业强国的发展需求。践行“大食物观”是实现农业农村优先发展、加快建设农业强国的重要途径。“大食物观”与全体人民的生产生活息息相关。乡村振兴要贯彻“大食物观”，调动更多新农人投身于乡村建设和乡村发展，生产出更适合居民的优质农产品，打造富有乡村本土特色的优质特色产业。“大食物观”将提供以人民幸福需要为导向的农业强国和乡村振兴的路径。通过将与农业农村农民相关联的特色产业做大做强，从而促进农民收入增加，扩大国内消费需求，进而反哺社会发展并形成良性循环。

二是“大食物观”加快推动农业农村现代化。“大食物观”在供给侧方面助力农业强国建设，吸引更多人才融入中国式现代农业发展，丰富食物产品。它在需求侧方面推动乡村振兴，促进乡村产业兴旺、生活富裕以及高品质生活。现代化进程中的农业发展方式要更加注重质量兴农和绿色兴农，加快农业发展由增产导向迈向提质导向；通过健全现代农业产业体系、生产体系和经营体系，从而不断提高我国农业综合效益和竞争力，加快农业强国建设。以问题为导向的大食物观，积极推动食物供给侧与需求侧的双向互动治理。“大食物观”的出发点在于改善民生福祉，向人类赖以生存的自然环境要食物资源，这将有助于吸引“资本下乡”和“人才返乡”，进而促进特色产业做大做强。农业发展增强，多元化食物供给体系得以发展。农民群体普遍增收，食物资源的消费多样化，进而激发乡村内生发展活力。

（二）树立“大食物观”的必要性

1. 居民食物消费模式发生明显变化

一是居民食物需求日益多元化。随着我国居民人均可支配收入持续增加，居民对主食类的消费量趋于减少，对肉类、奶类、蔬果等高价值食物的消费量会大幅提高。党的十八大以来，我国城乡居民人均收入水平得到了较大提高，居民食物消费需求呈现出对谷物直接消费减少、动物性食物消费增长的变化趋势，处于动物产品替代口粮消费阶段。从 2013 年到 2021 年，我国居民人均谷物消费量从 380.5 克 / 天下降到 360.0 克 / 天，降幅达 5.7%；与此同时，居民人均禽肉类消费量从 89.9 克 / 天增长到 123.8 克 / 天，增幅达 37.7%；水产品消费量从 28.5 克 / 天增长到 38.9 克 / 天，增幅达 36.5%；蛋类消费量从 22.5 克 / 天增长到 36.2 克 / 天，增幅达 60.9%；奶类消费量从 32.1 克 / 天增长到 39.5 克 / 天，增幅达 23.1%。

二是居民膳食结构不均衡现象突出。目前我国居民膳食结构已经出现了不均衡趋势，营养过剩和部分微量营养元素摄入不足并存。最突出的表现是城乡居民畜禽肉类日均消费量明显高于居民平衡膳食宝塔的推荐量，如 2021 年城镇居民和农村居民禽肉类日均消费量分别高出中国居民平衡膳食宝塔（2022）推荐量最大值的 70.5% 和 58.1%；全国居民日均谷物消费量大大超出推荐量，特别是农村居民谷物日均消费量高出推荐量最大值的 43.3%；奶类日均消费量远远低于推荐量最小值，如 2021 年城镇居民和农村居民日均奶类消费量分别仅相当于推荐量最小值的 16.6% 和 8.5%；薯类消费量也明显不足，2021 年全国居民日均薯类消费量为 7.9 克，不到推荐量最小值的 1/6。从营养元素摄入角度看，我国居民人均碳水化合物、蛋白质和脂肪三大营养素供应充足，基本能量需要得到满足，但优质蛋白摄入量较为不足，大量居民存在维生素 A、铁、锌和钙等微量营养元素缺乏的情况，容易增加膳食相关疾病的发病率。

三是“舌尖上的浪费”问题较为严重。联合国粮农组织相关数据显示，全球每年浪费的食物达到 13 亿吨，占全球当年食物总产量的 25%～30%。虽然我国人均粮食浪费在全球排名并不高，但作为一个人口大国，总量仍然惊人，蔬菜、水果等七大类食物按重量加权平均损耗和浪费率合计 22.7%，若能减少一半损耗，可每年节约 2.3 亿吨食物。消费者在外出就餐过程中，所产生的食物浪费现象尤为严重。在我国城市地区，餐饮业消费者每年餐桌上造成的食物浪费（熟食）为 1 700 万～1 800 万吨。随着收入水平的持续提高，居民在外就餐的频率不断增加，由此引起的餐饮业浪费问题更加严重。粮食浪费意味着大量的水资源、土地、生产资料等资源的无效消耗，在粮食生产过程中排放的温室气体也增加了额外的环境负荷。因此，食物的浪费性消费已成为保障国家食物安全的额外负担。

2. 生产端资源约束持续加剧

一是耕地“先天不足”与“后天失调”并存。耕地是人类赖以生存的基础性资源，承担着保障国家粮食安全和生态安全重任。我国人口基数大但耕地资源十分匮乏，为满足世界近五分之一人口庞大的农产品消费需求，长期以来耕地资源超强度开发、超负荷利用，带来了严重的耕地土壤退化问题。第三次全国国土调查数据显示，基础地力较高的一至三等优质耕地占 31.24%，四至六等耕地占 46.81%，耕地基础地力相对较差、生产障碍因素突出的七至十等耕地占 21.95%。耕地质量不高将直接影响粮食生产能力，威胁粮食安全保障能力。随着城镇化持续推进，耕地与非农用地之间的争夺也在不断加剧，不少耕地被占用，粮食生产面临日趋紧张的耕地供给压力。

二是农业科技支撑作用尚不强。在有限的耕地基础上生产出产量更高、质量更优的食物，根本出路在科技。2022 年，我国农业科技进步贡献率达到 62.4%，农作物耕、种、收综合机械化率超过 72%，但与发达国家相比仍有一定距离，如美国农业机械化水平已经接近 100%。种子技术是农业科技进步中最重要的技术，是促进农业生产力稳定增长、保障国家粮食安全的重要支撑。目前，我国良种对粮食增产的贡献率已达到 45% 以上，但种业创新不平衡、不充分。如我国在杂交水稻育种方面有较大优势，大部分蔬菜、水果以及棉花、油料等经济作物的国产品种也有较强竞争力，但是小麦品种选育水平落后。与此同时，财政对农业科技投入长期处于较低水平，难以为创新性研究提供足够支撑。

三是“谁来种地”问题突出。要保障 14 亿多人的粮食安全，必须回答好“谁来种地”的问题。早在 2013 年中央农村工作会议上，习近平总书记就指出：“农业后继乏人问题严重，这的确不是杞人忧天啊！”一方面，在城镇化、人口老龄化与生育意愿下降交互叠加的影响下，农村劳动力总量加速减少的趋势明显，农村空心化、土地撂荒现象突出，不利于保障粮食数量安全。另一方面，留守农村的大部分人员自身素质禀赋较差，在科学生产经验、先进技术接受与应用等方面存在突出短板，通常在绿色生产技术采纳方面也存在明显劣势，不利于保障粮食质量安全。

3. 食物供给结构性矛盾突出

一是食物产需结构不匹配。目前我国食物供需总格局是“口粮自给有余与饲料粮短缺并存，普通粮食过剩与优质粮食短缺并存”。国家统计局数据显示，2021 年居民谷物消费量占主要食物消费总量的比例下降到 31.7%，肉禽、蛋奶和水产品的占比则上升到 21%。肉禽、蛋奶和水产品是依靠粮食生产的动物性食物，但是目前我国饲草特别是优质饲草供给不足。农业农村部经过初步测算，要确保牛羊肉和奶源自给率的目标，对优质饲草的需求总量将超过 1.2 亿吨，尚有近 5 000 万吨的缺口。另外，当前我国稻谷、小麦和玉米等口粮的自给率均超过 95%，实现了“谷物基本自给、口粮绝对安全”的目标。而当前我国粮食产出有着较高的同质性，优质谷物、特色谷物产出尤为不足，无法满足居民日益增长的对高品质谷物的消费需求，普通谷物产出中超出需求的部分则进一步增加了库存。

二是区域性粮食供给不平衡。从粮食生产重心空间分布看，北方地区在全国粮食生产中的地位不断上升，“北粮南运”趋势明显。在我国五大粮食净调出省份中，南方地区只有安徽一个省份，“苏湖熟，天下足”“湖广熟，天下足”“蜀地天府国”等传统南方粮食主产区的粮食贡献率逐年下降。与“北粮南运”相伴的是水土资源空间分布的不均衡和不匹配，北方地区占有全国 64% 的耕地，但水资源仅占 19%。“北粮南运”加剧了粮食主产区农业用水压力，农业生产可持续供给模式亟须优化，并在一定程度上限制了重点产区的粮食增产潜力。虽然“南水北调”工程弥补了北方地区水资源关键短板，但是水资源和粮食在转移过程中不仅消耗了巨大的成本，也进一步加重了区域水资源短缺问题，引发了突出的生态环境问题。

三是主要农产品进口来源地高度集中。为了满足人民日益增长的对高品质食物的消费需求，缓解国内粮食和重要农产品的生产压力，需要通过大规模进口实现调节。粮食生产没有国界，但粮食贸易存在国界。在当今世界百年未有之大变局加速演进的格局下，极端气候、自然灾害、粮价波动、地缘政治冲突等各种不确定性因素明显增加，世界粮食利用风险与不确定性也随之加剧。如新冠肺炎暴发后，多国未履行提前通报义务，直接实施农产品出口限制，影响了全球 34% 的主粮贸易。而我国主要农产品进口来源普遍高度集中，进口农产品的安全性更容易受到外部环境变化的影响。

二 “大食物观”发展内涵与价值

（一）“大食物观”的科学内涵

“大食物观”在本质上正是对传统食物观抑或粮食观的延伸拓展。传统食物观只将稻、麦、玉米等粮食作物视为食物，认为食物的主要来源是耕地，其目的在于满足人的温饱需求。而“大食物观”将食物的外延进一步拓展，认为食物的主要基础在于粮食但不唯粮食，而是要求食物种类更加丰富，肉、蛋、禽、奶、鱼、菜、果等都可以作为食物；食物来源不仅局限于耕地，而是要将食物获取来源从耕地扩展到整个国土资源；食物消费目的也不仅在于满足人们的温饱需求，更在于满足人们日益旺盛的健康营养需求。科学把握“大食物观”的科学内涵需要与传统食物观进行对比去理解。

1. 在食物来源上强调“大资源”，面向整个国土资源要食物

长期以来，中国农业以精耕细作为主要特征，注重在耕地上做文章，大力提高耕地的生产率。在集约利用耕地的农业生产方式下，中国创造了用世界 9% 的耕地养活世界近 20% 人口的奇迹。然而，目前我国的基本国情依然是人口多、耕地少，耕地数量紧缺和质量降低、水资源短缺和利用低效、粮食储备流通基础设施不完善和应急体系不健全、进口环境不稳定和竞争压力加大，食物生产的空间被严重挤压。

除耕地资源以外，我国还有 42.62 亿亩林地、39.68 亿亩草地、3.52 亿亩湿地和 5.44 亿亩水域，都蕴含着丰富多样的食物品种。例如，森林能够提供木本粮油、干鲜果品、菌类与蔬菜等绿色食品；草原上有成群的牛羊畜群和大批的天然牧草，能够充分保障人们的肉蛋奶需求；江河湖海中潜藏着的鱼、虾、蟹、贝、藻，都为人们提供了更多膳食选择。由此来看，人民获取食物的来源已不仅局限在耕地上，而是要向整个国土资源要食物。习近平总书记强调，要在保护好生态环境的前提下，从耕地资源向整个国土资源拓展，宜粮则粮、宜经则经、宜牧则牧、宜渔则渔、宜林则林，形成同市场需求相适应、同资源环境承载力相匹配的现代农业生产结构和区域布局。

2. 在食物种类上强调“大食品”，开发丰富多样的食物品种

新中国成立后，受社会生产力的条件约束，我国物资极度匮乏，居民食物消费结构长期处于单一的状态，以水稻、小麦、玉米、高粱等谷物为主，人均粮食消费数量远远超过其他农产品消费总量之和。而且在这一时期，由于国家实行计划经济，因此

除主粮以外的食物很难进入寻常人家。大多数人只是把“食物”和“粮食”等同起来，形成了单一的食品观。

改革开放后，随着社会主义市场经济的逐步发展，人民生活发生了翻天覆地的变化。随着社会生产力提升，吃饭不仅仅是消费粮食，肉蛋奶、果菜鱼、菌菇笋等样样都是美食。各类食物经过加工之后都被制成食品，被送进了市场，搬上了餐桌。舌尖上的中华美味、全世界的特色美食开始进入广大人民群众的日常生活。人民对食物的需求开始呈现多样化，特别是主食粮食消费在居民食物消费支出的占比大幅下降，肉蛋奶等食物消费量显著增加。这意味着越来越多的人打破了传统“粮食即食物”的观念，把蔬菜瓜果、肉禽蛋奶都当作食物的重要品类，建立起更为丰富的“大食物观”。

3. 在食物消费上强调“大营养”，满足人民健康饮食的需求

人对食物的消费主要是为了获取营养以维持身体机能的正常运行。食物营养主要包含蛋白质、脂肪、碳水化合物、维生素、矿物质和水共 6 种。在以粮食为主的饮食习惯影响下，我国居民的营养摄取特点一直以来呈现高碳水化合物、低蛋白、低脂肪的特点。改革开放后，人们对动物性食物的摄取逐步增长，人均脂肪和蛋白质的摄入量随之提升。但过度摄取动物性食物，尤其是摄入过多肉类食品，极易让人出现营养不均衡的现象，从而引发超重肥胖和许多慢性疾病。

当前，人们已经意识到营养缺乏和营养过剩都会对人体健康造成不良影响，因而在饮食上要求“吃得健康”。而促进人民健康饮食的标准就是在食物摄取上实现营养均衡，即让各类营养都比例适当地存储于人的体内。习近平指出，健康是促进人全面发展的必然条件，是经济社会发展的基础条件，是民族昌盛和国家富强的重要标志，也是广大人民群众的共同追求。

因此，必须让人们的日常饮食合理搭配，让人们对食物的摄取“从传统农作物和畜禽资源向更丰富的生物资源拓展”“向植物动物微生物要热量、要蛋白”。只有将各类食物的营养有效吸收，才能充分保障人民身体健康，提高人民幸福指数。

4. 在食物供给上强调“大体系”，构建多元化食物供给体系

国家经济实力直观表现在食物供给上。新中国成立后，经历了很长一段时间的食物短缺。1978 年之后，随着家庭联产承包责任制的实行，农民的生产积极性被调动起来，极大地解放和发展了农村生产力，粮食生产能力有了很大提高，广大人民群众终于可以填饱肚子。在社会经济快速发展、市场活力不断激发的情况下，国家对肉类、蔬菜、水果、粮油和水产品等食物供给的能力也逐步提升。

中国 14 亿多人口，每天就要消耗大约 70 万吨粮、9.8 万吨油、192 万吨菜和 23 万吨肉。在如此数量庞大又追求高质量的食物消费需求倒逼下，食物供需偏离、过剩与短缺并存的结构性失衡已成为影响我国食物供给安全的主要矛盾。因此，构建多元化

食物供给体系势在必行。我国必须实现食物产得出、供得优，既要装满“米袋子”，又要保障“肉盘子”“菜篮子”“奶箱子”“糖罐子”，不断向着高产高效、营养健康、绿色低碳、共同富裕和有韧性转型。只有加快构建粮经饲统筹、农林牧渔结合、植物动物微生物并举的多元化食物供给体系，才能为人民群众提供更多营养健康的食品，为建设健康中国筑牢根基。同时在经济全球化背景下，我国要坚持构建新发展格局，利用国际资源和国际贸易，促进国际和国内市场双循环，构建更为安全稳定的食物供应链。

5. 在食物保障上强调“大安全”，统筹粮食安全和生态安全

“大食物观”并不意味着为了满足多样化的食物消费需求就可以侵占耕田，将基本农田“非粮化”；也不意味着为了开拓食物来源就可以大肆破坏生态环境，突破生态保护红线。树立“大食物观”的根本目的在于满足人民的美好生活需要，必须坚持底线思维，统筹好粮食安全和生态安全，防止走向“误区”。

一方面，粮食安全是“国之大者”。“大食物观”不是忽视粮食的重要性，而是更加强调粮食在食物保障中的基础性。虽然我国粮食产量连续 9 年稳定在 1.3 万亿斤以上，粮食生产实现二十连丰，总体粮食安全有保障，但粮食结构性矛盾仍然突出，外部冲击依然存在。粮食安全的根本在于耕地，必须坚持“藏粮于地”战略，牢牢守住 18 亿亩耕地红线，坚决防止耕地“非粮化”。否则，我们赖以吃饭的家底就没有了。另一方面，生态安全关系民族永续发展。传统食物观追求产量，容易造成环境污染、资源浪费、生态退化等一系列问题。“大食物观”坚持“绿水青山就是金山银山”的发展理念，强调向山水林田湖草要食物，但不是无节制地索取，而是更加注重资源节约和环境保护，遵循生态系统物质循环规律与生态平衡规律，全面合理布局食物生产体系，进而形成食品、资源和健康的三维协同，形成“大食物观”同资源环境承载力相匹配的农业种植结构与区域平衡发展布局，实现食物的多元化和可持续供给。

（二）“大食物观”的价值意蕴

“大食物观”是党和国家立足于新发展阶段，对人民群众的食物来源、食物种类、食物供给、食物消费和食物保障的系统性认识和创新性论断，回答了新时代人民群众的食物“从哪里来”“有什么”“由什么提供”“获取什么营养”“怎样持久保障”等问题。“大食物观”具有深刻的价值意蕴，充分体现了以人民为中心的发展思想，体现了加快建设农业强国的迫切需要，体现了确保国家粮食安全的战略考量，体现了人与自然和谐共生的道路选择。

1. 大食物观体现了以人民为中心的发展思想

“悠悠万事，吃饭为大。”早在两千多年前，孔子就提出“足食，足兵，民信之”

的观点，将满足人民群众饮食需要视为治国理政的重要条件。新时代党和国家提出的“大食物观”以此为文化继承，充分体现出以人民为中心的发展思想，回答了食物资源的开发利用为了人民、依靠人民、由人民共享的根本问题。

一是树立“大食物观”的出发点在于满足人民群众高质量的食物消费需求。随着我国社会主要矛盾发生转化，人民群众对食物消费需求日趋多元，人民群众对营养健康的关注日益迫切。“大食物观”就是要通过拓展食物来源，推动食物由单一生产向多元供给转变，促进人民群众从“吃得饱”到“吃得好”再到“吃得健康”转变，不断满足人民群众对食物消费的新需要。

二是树立“大食物观”必须紧紧依靠人民群众构建多元化的食物供给体系。人民群众是社会历史的主体，是历史的创造者。新中国成立 70 多年来，我们依靠人民群众探索出一条具有中国特色的农业现代化道路，解决了数亿人口的温饱问题。新征程上，人民永远是我们最坚实的依托、最强大的底气。因而“大食物观”所要求构建的多元化食物供给体系也必须紧紧依靠人民群众，尤其是发挥广大农民的主体作用，推动农产品供给更好地适配食物消费需求。

三是树立“大食物观”的落脚点在于促进人民群众的身体健康和全面发展。健康饮食是身体获得均衡营养的基础，也是人民实现全面发展的重要条件。“大食物观”追求合理膳食和营养搭配，其目的在于促进人民形成正确的健康饮食习惯。只有为人民群众提供更多更好的食物选择，引导人民群众形成科学的膳食习惯，推动营养健康的食物资源由人民共享，才能促进人与社会的全面发展。

2. 大食物观体现了加快建设农业强国的迫切需要

建设农业强国必须为社会经济发展提供高质量的食物，要有强大的食物生产和保障能力。习近平指出：“一旦农业出问题，饭碗被人拿住，看别人脸色吃饭，还谈什么现代化建设？只有农业强起来，粮食安全有完全保障，我们稳大局、应变局、开新局才有充足底气和战略主动。”可见，构建“大食物观”不仅是重要的民生问题，更是重大的政治问题，也是加快建设农业强国的重要根基。

一是解决人民吃饭问题是加快建设农业强国的首要前提。从世界主要农业强国来看，能够立足本国基本解决人民吃饭问题，保障国家食物安全是其共同特点。我国有 14 亿多人口，规模超过现有发达国家的总和。依靠自身力量解决好 14 亿多人的吃饭问题，促进各类食物稳产保供是社会经济发展的头等大事。“大食物观”要求面向整个国土丰富食物来源，科学推进农业结构调整，从而增强食物供应链的韧性和稳定性，为解决人民吃饭问题提供了新思路和新方法。

二是增强食物供应能力是加快建设农业强国的应有之义。端牢中国人自己的饭碗必须增强食物供应能力，深化农业供给侧结构性改革，构建从田间到餐桌的全产业链。“大食物观”深刻反映出我国农业的主要矛盾已经由总量不足转变为结构性矛盾，主要表现是阶段性的供过于求和供不应求并存，但矛盾的主要方面在供给侧。这就需要调整工作重点，主食副食一起抓，植物动物微生物一起利用，为人民群众的餐桌呈上更加丰富多样、优质营养的食物。

三是优化食物消费结构是加快建设农业强国的内在要求。随着我国经济转向高质量发展阶段，消费在经济增长中的作用明显增强。加快建设农业强国同样需要激活农业农村潜在的消费动能，而食物消费正是其中的重要因素。在人民可支配收入持续增加的背景下，食品消费支出占家庭收入的比重越来越低，家庭恩格尔系数继续下降，食品消费结构正在迈向富裕型。然而城乡居民在食物消费上仍存在差距，食物消费方式也不同。“大食物观”坚持的是为全体人民提供多元化的食物，让城乡居民共同吃得安全健康，从而缩小城乡之间的差距，为农业强国增势赋能。

3. 大食物观体现了确保国家粮食安全的战略考量

“中国现在强调的粮食安全，实质是包含主粮、副食和多元食物供给的大食物安全体系。”一方面，粮食安全是食物安全的基础，只有粮食安全才能确保食物的整体供给；另一方面，随着我国食物消费结构升级和供给侧结构性变化，口粮和谷物实现了基本自给，但以蛋白类为主的食物对外依存度高，供求缺口不断扩大。“大食物观”的提出旨在将粮食安全进一步向食物安全扩展，把提高食物自给能力纳入国家战略。

一是“大食物观”推动了传统粮食安全观的更新与转变。我国过去由于粮食短缺，造就了集中关注小麦、玉米、水稻等谷物产量的粮食安全观。随着我国口粮实现基本自给，同时面对我国人民日益增长的健康饮食需要，粮食安全不能仅局限于小麦、水稻等少数谷物上，还要涉及粮食质量、粮食结构、粮食供应的可持续性，更要将粮食安全观向食物安全观转变，重视其他农副产品的有效供给。

二是“大食物观”揭示了保障国家粮食安全的战略重点。“大食物观”为国家粮食安全赋予了新的内涵，从注重“粮食”转向关注“食物”。“大食物观”不仅关注的食物范围扩大，而且注重各食物品类的内在结构；“大食物观”不仅关注生产资源的食物供给水平，而且强调以绿色低碳的可持续方式利用生产资源；“大食物观”不仅关注农业作物种植和畜禽养殖，而且重视以食物产业链为载体的动植物种质资源研发和要素投入。

三是“大食物观”开辟了保障国家粮食安全的崭新路径。当前，我国食物系统可持续发展正面临巨大挑战。从国际看，疫情冲击、地缘政治博弈、逆全球化思潮盛行叠加；从国内看，资源与环境约束日益加剧，食物供求紧平衡状态长期存在。“大食物观”主张挖掘动物、植物、微生物等生物资源的潜力，依靠科技和装备支撑，转变生产方式，构建面向国内外两种资源、两个市场的食物有效供给大格局。

4. 大食物观体现了人与自然和谐共生的道路选择

人与自然和谐共生，是中国式现代化道路的价值选择，也是推动国家可持续发展的必然要求。树立“大食物观”本质上反映了人与自然和谐相处的生态观，强调多途径开发食物资源的同时，更加注重保护资源和环境，促进农业生产绿色、高质量、可持续发展。此外，“大食物观”还鼓励人们形成绿色低碳的食物消费方式，减少食物浪费。

一是食物资源开发必须遵循生态平衡的规律。“大食物观”强调在整个国土资源中广泛开发食物来源，但必须遵循生态平衡规律，尊重生物生长的生命周期规律，重视自然资源的休养生息，不可竭泽而渔。如果森林过伐、耕地减少、草原受损、水源受害，食物中的营养会逐渐减少，食品安全便没有保障。只有天更蓝、山更绿、水更清、环境更优美，大自然才能够提供更丰富的物产，“大食物观”才能够真正实现。

二是食物供给保障必须坚持生态优先的原则。我国当前人均耕地资源不足，水资源分配不均，除耕地外的国土资源利用程度比较低，开发方式也比较粗放。过去我们对农业资源的过度和不恰当利用，造成了耕地退化、资源超采、环境污染，影响了食物的质量与安全。“大食物观”要求食物供给保障必须坚持生态优先的原则，更加注重资源节约、更加注重环境友好、更加注重生态保育，依靠技术和制度手段缓解自然资源紧缺现状，降低环境污染压力。

三是食物消费方式必须强化绿色低碳的导向。2023 年，据有关机构估算，我国食物浪费现象严重，每年损失浪费的食物超过 22.7%，约 9 200 亿斤，若能挽回一半的损失，就够 1.9 亿人吃一年。习近平总书记指出：“消费环节大有文章可做，不仅要制止‘舌尖上的浪费’，深入开展‘光盘行动’，还要提倡健康饮食。”“大食物观”坚持绿色低碳的食物消费方式，鼓励节粮减损，反对奢侈浪费，支持绿色餐饮。

三 “大食物观”政策指引

（一）全球食物安全政策

食物具有明显特点。第一，各类食物分布广狭、产量高低、作用大小及生长的环境条件等各不相同。第二，各类食物的构成结构、组成成分各不相同，所提供的营养素及其比重也不相同。第三，各类食物以不同比重提供人体必需的 7 种营养素，包括碳水化合物、脂类、蛋白质、矿物质、维生素、膳食纤维和水。第四，人体生理发育和健康保障对各种食物的需求量及营养素摄入量各异。各类食物生产、销售和消费的实践证明，粮食（谷物、薯类和小杂豆）的生产总量、销售和消费总量，在各种食物中都高居首位。

粮食在食物系统中占据首要地位。作为生活资料，粮食是人类口粮，是维持民众生计和生存的根本。作为生产资料，粮食是多种工业的基础原料，广泛应用于现代饲料工业、食品工业、医药工业以及燃料乙醇工业等领域。作为军用战略物资，粮食对于“备战备荒”和巩固国防不可或缺。作为重要后备物资，粮食是抵御严重自然灾害、防灾救灾的压舱石。作为特殊商品，粮食是防范市场风险、稳定市场的稳定器。

自 21 世纪以来，农业与食物生产取得了显著进步，全球食物安全状况持续改善。然而，自 2015 年起，全球食物安全发展进程遭遇重重阻碍，食物不安全与营养不良问题愈发严重。这主要源于气候变化、资源环境退化、地缘冲突以及全球疫情的持续影响等多重挑战。全球气候变化导致极端天气频发，可能引发次生灾害，对食物供给能力造成冲击，降低食物的可获得性并影响食物质量，对食物系统的韧性构成了严峻考验。人类活动导致了土地退化加剧，目前全球约 40% 的土地已经退化，影响了世界一半以上人口的生产和生活。地缘冲突的爆发和升级，对全球能源、化肥等原材料以及食物供应链造成了巨大冲击，进一步加剧了全球食物安全状况的不稳定性。此外，新冠疫情后，全球经济放缓，国际市场供给波动加剧，食物价格大幅上涨。同时，经济发展下行压力大，导致居民可支配收入减少，加之健康膳食成本上升，使得贫困群体和脆弱人口的食物获取能力显著恶化。

“大食物观”的提出顺应了国际社会将食物安全列为重要议题的趋势。早在 1974 年，世界粮食大会通过的《世界粮食安全国际约定》中就提出“食物安全”（Food Security）的概念。2021 年，联合国粮食系统峰会将“确保所有人都能得到安全而有营养的食物”作为一项行动提出。2022 年，联合国粮农组织《世界粮食安全和营养状况》报告中又将“食物安全”视为一项综合概念，即“所有人在任何时候都能通过物质、社会及经济渠道获得充足、安全和富有营养的食物，满足其积极、健康生活的膳食需求和膳食偏好”。

当前，国际社会正致力于推动全球农食系统转型，以应对多重挑战与风险的综合影响，从而更有效地保障全球食物与营养安全，并推动联合国可持续发展目标的实现。这一转型进程在多个重要国际会议上得到了广泛关注和讨论。例如，2021 年联合国食物系统峰会以及联合国《生物多样性公约》第十五次缔约方大会（COP15），2023 年联合国气候变化大会（COP28），均将农食系统转型作为核心议题，强调其在应对全球挑战中的关键作用。

（二）我国食物安全政策

我国作为全球最大的人口国家，其食物安全直接关系到国家和全球的稳定与发展。尽管我国在提高粮食产量和保障食物供给方面取得了显著成就，但随着人口增长和生活水平的提升，对高质量食物的需求也在持续增长。当前，我国食物供给体系面临诸多挑战，包括粮食产量占比高、膳食结构不均衡、对耕地资源的过度依赖等。我国高度重视农食系统转型的重要性，提出树立“大食物观”，构建多元化食物供给体系，以应对日益复杂多变的国际环境和国内需求。

“大食物观”是新时代以习近平同志为核心的党中央在保障粮食安全领域的前瞻性思考、全局性谋划、战略性布局和整体性推进。“大食物观”旨在通过全方位多途径开发粮食资源，拓宽农业生产空间领域推动构建多元化食物供给体系，同时推动食物领域的高质量发展以满足人民多样化的食物需求。大食物观是党中央粮食安全观念的战略性转变和历史性演进的体现，它拓展了传统的粮食边界，推动传统粮食安全向食物安全转变，不仅关注数量安全而且关注质量安全，从更广的维度把握粮食安全，已成为我国粮食安全战略的重要组成部分。

1990 年，习近平在《摆脱贫困》一书中提出，“现在讲的粮食即食物，大粮食观念替代了以粮为纲的旧观念”，这是我国“大食物观”的雏形与起点。

2015 年，习近平总书记在中央农村工作会议提出，“要树立大农业、大食物观念，推动粮经饲统筹、农林牧渔结合、种养加一体、一二三产业融合发展”。这是中央层面首次正式提出大食物观。

2016 年，中央一号文件首次写入“树立大食物观，面向整个国土资源，全方位、多途径开发食物资源，满足日益多元化的食物消费需求”，并将“大食物观”作为优化农业生产结构和区域布局的重要内容。

2017 年，习近平总书记在中央农村工作会议上指出，“老百姓的食物需求更加多样化了，这就要求我们转变观念，树立大农业观、大食物观，向耕地草原森林海洋、向植物动物微生物要热量、要蛋白，全方位多途径开发食物资源”。这标志着大食物观的“元表述”的形成，成为习近平新时代中国特色社会主义思想的重要组成部分。

2022 年 10 月，习近平总书记在党的二十大报告明确指出，“树立大食物观，发展设施农业，构建多元化食物供给体系”。这标志着“大食物观”正式成为中国式现代化建设的指导性理念之一。

2023 年 3 月，习近平总书记在《求是》杂志发表文章——《加快建设农业强国 推进农业农村现代化》，就树立“大食物观”提出具体、系统的论述。一要构建多元化食物供给体系，在保护好生态环境前提下，从耕地资源向整个国土资源拓展，从传统农作物和畜禽资源向更丰富的生物资源拓展，向森林、草原、江河湖海要食物，向植物动物微生物要热量、要蛋白，多途径开发食物来源。二要发展日光温室、植物工厂和集约化畜禽养殖，推进陆基和深远海养殖渔场建设，拓宽农业生产空间领域。在保障粮食安全的同时，必须保证其他重要农产品稳定安全供给。

十四届全国人大常委会第七次会议于 2023 年 12 月 29 日表决通过的《中华人民共和国粮食安全保障法》，系统构建了从农田到餐桌的全链条粮食安全保障制度体系。该法通过强化风险监测预警体系、完善储备调控机制、规范粮食流通秩序等制度设计，着力提升农业食品系统韧性，为确保国家粮食安全和重要农产品稳定供给提供了法治保障。

2024年9月，《国务院办公厅关于践行大食物观构建多元化食物供给体系的意见》（国办发〔2024〕46号），强调要推动把农业建成现代化大产业，巩固提升粮食综合生产能力，全方位、多途径开发食物资源，保障各类食物有效供给，更高质量满足人民群众多元化食物消费和营养健康需求。

这些政策举措都表明了中国对农食系统转型的高度重视和积极行动，为全球农食系统的可持续发展贡献了重要力量。

四 “大食物观”基础理论

（一）“大食物观”的理论根基

“大食物观”是从保障粮食安全的理念出发，有着丰富的理论依据与深厚的历史文化根源。中国传统粮食观是“大食物观”的理论根基。

“洪范八政，食为政首。”中国是一个农业大国，崇尚农业、以粮为本，重视农业、重视粮食安全，历来是中国传统的思想和文化，“王者以民为天，而民以食为天”就是中国传承数千年最朴素的历史基础。中华优秀传统文化中饱含着丰富的重视粮食生产、保障粮食安全的思想。

中国饮食文化历史悠久，自古便对食物多元化有着极高的要求。《礼记·礼运》中记载：“夫礼之初，始诸饮食。其燔黍捭豚……其敬于鬼神。”可见，早在远古时人们便开始将黄米（黍）和乳猪（豚）用于祭祀。春秋时期，日常就不满足于单纯的豆、麻、黍、麦等粮食作物供给，鸡、豚、狗、彘已成为古人饮食中的一环。随着国家实力的提升，人民对食物的要求也不断提高。充足的食物供给促进了社会的稳定发展，稳定的社会发展提升了人民的食物消费理念。《诗经·周颂·思文》云：“贻我来牟，帝命率育。”商朝时，产自西亚的小麦和大麦沿中亚、新疆经河西走廊进入陕西，引起了中国食物结构的变革，逐渐改变了以豆类为主的饮食结构。到了汉代，古人已经开始种植多种经济作物和瓜果蔬菜，如《管子·牧民》中写道：“务五谷，则食足；养桑麻，育六畜，则民富。”《唐韵》记载：“张骞使西域，始得大蒜胡荽。”据李时珍考证，张骞从西域带回的农作物种类有十余种，开拓了崭新的食物来源之路。《酉阳杂俎》中记载：“味甘如饧，可食”“味道甘甜似糖稀”，描述了当时引进椰枣的甘甜。明清时期，番薯、玉米、马铃薯等高产作物被引入中国。这些外来物种耐贫瘠、耐干旱，产量高，后成为中国食物来源的重要支撑。悠长的历史文明相互碰撞，促生了多元的食物交流，形成了丰富多样的饮食文化。在古代时期，人们对于食物的消费观念就随着生活水平的提升而不断发生着变化，主要体现在食物消费日趋多样化、食物来源多元化。大食物观的提出，其根本目标在于顺应人民群众对美好生活的向往，通过“全方位、多途径开发食物资源”的战略路径，有效对接居民膳食结构升级和消费理念转型。这一理念不仅科学回应了新时代的食物安全挑战，更从发展维度实现了对中国传统粮食文化的创造性转化和创新性发展。

食物供给充足是保证国家稳定的基础。古汉语中的“粜”和“籴”二字把粮食贸易栩栩如生地展现出来，“出米”即为把粮食卖出去，“入米”即为把粮食买进来。中国地大物博，但受气候、人口、战乱等因素影响，同样会发生本土食物供给不足的情况，于是粮食贸易应运而生。《史记·货殖列传》中记载西周时期“商祖”白圭深谙“夫岁孰取谷，予之丝漆；茧出取帛絮，予之食”的贸易原则。即根据市场行情和年景丰歉的不同，进行粮食和丝织品的贸易活动。朱熹在《与建宁诸司论赈济札子》中指出，“广南最系米多去处，常岁商贾转贩，舶交海中”，说明当时已形成稳定的海上粮运通道，而叶适《水心文集》记载的莆田旱灾应对案例，则展现了官府通过“招潮、惠米商，白守免力胜”等市场化手段平抑粮价，最终实现“四集城下，郡以不饥”的赈济成效。宋朝时两广地区开展了大规模的水利建设，扩大了耕地面积，提高了农业生产力，并且增加了新的粮食作物种类，粮食产出富余。相反，其余地区受小冰河期影响，作物大幅度减产，两广地区的粮食贸易极大缓解了当时的食物危机。综上，关于粮食生产和分配的历史文献记录表明粮食市场化配置是保障粮食有效供给的重要途径。

古代历史资料中同样也有着大量关于粮食有效供给的文献证据。亘古通今，食物安全问题一直备受重视，“仓廪实，方能天下安”。由于中国人口基数大，灾荒年景多，积谷备荒从古至今一直是中国保证食物安全的优良传统。《诗经》有云：“我仓既盈，我庾维亿”等都表明了对粮食储备的重视程度。自周朝的“重食”思想开始，食物安全问题逐步走入人们的视线。西汉著名政论家贾谊从国家安全的高度来说明储粮的必要性：“夫积贮者，天下之大命也。”仓储丰盈是国力强盛的重要标志，也是维护国家稳定的重要支柱。维护粮食安全是保障民生的基本前提，古代传统粮食观对保障粮食安全问题还停留在数量安全的基础上，而“大食物观”的提出，扩宽了粮食问题的边界，认为粮食安全不仅要重视食物数量的增长，更要关注食物质量的提升。这就要求我们针对粮食安全问题既要汲取前人经验教训，更要实现历史性的超越。

（二）“大食物观”的理论基础

一个经济科学新命题或新理论的产生，都是客观经济规律发展的产物。目前我国提出大食物观的新论断，自然是以客观经济发展规律为基础的。西方经济学消费需求理论、供给理论、公共产品理论、社会再生产理论等为大食物观的发展提供了理论基础。

1. 消费需求理论

消费者需求理论是西方经济学理论中的一个重要内容，市场由卖方市场转变为买方市场以后，研究消费者需求理论，对于指导生产和经营有着十分重要的意义。需求就是指消费者具有货币支付能力的实际需要。具体包括两个方面的内容：一是消费者的实际需要；二是消费者愿意支付并有能力支付的货币数量。前者取决于消费者实际需要的商品的价格和替代商品的价格；后者取决于消费者的实际收入水平和消费者的支付意愿。

凯恩斯（Keynes）在1936年出版的《就业、利息和货币通论》中首次定义了消费函数理论，即绝对收入假说。在简单消费函数中，可支配收入是居民消费的最主要影响因素，凯恩斯认为，居民生活消费的边际消费倾向为递减趋势，即居民消费收入及支出同比增长，但消费支出增长率是低于居民收入增长率的。消费需求理论表明：随着居民可支配收入的提高，消费占比递减。因此，缩小贫富差距，收入再分配政策有利于提升整个社会的平均消费倾向，从而影响居民的消费需求。但居民收入分配水平不能过度平均，否则就会失去刺激居民消费需求的作用。

2. 供给理论

在经济学上，供给的意义是指生产者进行商品生产并提供出售给需求方的行为。供给是古典经济学最基本要素之一，需求和供给组成了经济学的市场。根据古典经济学定义，供给是指生产者向社会提供的商品和服务的数量。

新古典经济学认为需求曲线和供给曲线共同决定了市场的均衡价格和均衡数量，边际成本等于边际收益是达到供需均衡的一般条件。在均衡点上，消费者的需求数量正好等于供给数量，在其他条件不变的情况下，价格保持稳定。市场需求和供给都被看成其本身价格的函数，而消费者追求效用最大化的行为决定了市场的需求曲线，生产者追求利润最大化的行为决定了市场的供给曲线。供给曲线表示一种物品的供给量如何取决于价格，根据供给规律，当一种物品价格上升时，供给量增加。除了价格外，决定供给量的其他因素包括投入价格、技术，以及预期。

供给的一般意义指“把准备好的东西给予需要的人”。在经济学上，供给的意义是指生产者进行商品生产并提供出售给需求方的行为。供给包括生产、向市场提供出售、售出三个环节，一般简化为生产与销售两个环节。

3. 公共产品理论

萨缪尔森（Samuelson）于1954年在《公共支出的纯理论》中首次提出公共产品

的概念，并将社会产品区分为公共产品和私人产品。定义为一种不会因个人对该产品的消费导致其他人从该产品中获得的利益减少的产品，这一概念与私人产品相对立。效用的不可分割性、消费的非竞争性、受益的非排他性是公共产品的三个明显的特征。

效用的不可分割性指公共产品应作为整体向全社会提供，人人都可从中获益，不会根据谁付款谁受益的原则，只让少部分人享用该产品。比如，基础设施作为公共产品，任何人均可从基础设施中获益，不会只限定部分付款人作为该产品的受益者。

消费的非竞争性是指当一些人在消费该公共产品时，其他人也能同时对其进行消费，每个人都能从中取得利益，不会产生利益冲突。也就是说，消费者数量的增多不会对该产品的质量及供给成本造成任何影响。例如灯塔不会因一艘船只或十艘船只对它的使用，而增加运作成本，也不会因数量的增加而相互影响。

受益的非排他性指任一行为人通过公共产品消费获得利益，都无法将其他人对该产品的消费排除在外，即不能将消费公共产品获得的利益单独占有。这个特征导致了消费者“搭便车”现象的普遍出现，因为即使没有为此支付任何费用的人，也可以享受到该产品带来的利益。例如治理之后的空气，即使没有为此付出的人，也可以享受到呼吸新鲜空气，因此只有通过政府干预才能保证公共产品的有效供给。

4. 社会再生产理论

社会再生产理论是指关于一切社会形态社会再生产过程及其规律的理论。法国古典经济学家、重农学派的创始人魁奈（Quesnay）和英国古典经济学家亚当·斯密（Adam Smith）提出过他们的再生产理论。后来，马克思在批判继承古典学派再生产理论的基础上，创立了科学的社会再生产理论。马克思在《资本论》《〈政治经济学批判〉导言》中，对资本主义条件下单个资本的循环、资本周转和社会总资本再生产作出论述，形成了包含社会化生产和市场经济运行一般原理的社会再生产理论。社会再生产是由生产、分配、交换、消费四个环节构成的有机体系。在社会再生产过程中，生产生产资料的部类和生产消费资料的部类通过交换，使社会总产品各个部分得到相应的物质补偿、价值补偿，从而保障社会再生产顺利实现。马克思关于社会再生产的研究，是以资本主义经济为研究对象的，主要研究的是物质资料的生产，其基本原理对于分析一般社会化大生产仍具有重要意义，构成了马克思主义政治经济学社会再生产理论的重要基础。

树立“大食物观”，继承了马克思主义政治经济学社会再生产理论的基本原理，同时又从新时代中国和世界的发展实际出发对其进行了丰富发展。从社会再生产的角度看，树立“大食物观”是把中国市场和世界市场作为一个整体，在促进食物双循环畅通基础上进行的社会再生产，主要表现在以下 3 个方面。一是深化了社会再生产的内涵。“大食物观”不只是食物产品的循环，而是包括服务在内的整个食物的畅通运转，是社会总供给和社会总需求之间的大循环。二是扩大了社会再生产的空间范围。“大食物观”不是国内食物的封闭循环，而是我国食物与世界食物交流互动的国内国际双循环。三是注重社会再生产的动态演进。“大食物观”不是静态的循环，而是在循环畅通中推动食物产品增加、社会财富积聚、人民福祉增进、国家实力增强，在运动中实现食物在高水平上的动态平衡。

从马克思主义再生产理论的角度来看，树立“大食物观”，构建食物国内大循环对于实现社会再生产的顺利进行和经济的可持续发展具有重要意义。首先，树立“大食物观”，构建食物国内大循环可以提高国内市场的需求和购买力，促进社会总产品的实现。在社会再生产过程中，生产和消费是相互依存的，消费是社会总产品最终实现的必要条件。构建食物国内大循环可以提高国内市场的需求和购买力，促进社会总产品的实现，从而推动社会再生产的顺利进行。其次，树立“大食物观”，构建食物国内大循环可以优化资源配置，提高经济效率。在社会再生产过程中，生产和消费是相互作用的，只有合理配置资源，才能提高经济效率。构建食物国内大循环可以通过扩大内需，促进国内产业链的整合和升级，优化资源配置，提高经济效率。最后，树立“大食物观”，构建食物国内大循环可以增强经济的内生动力，提高经济的可持续发展能力。在全球化背景下，国际市场的不确定性和风险增加，构建食物国内大循环可以提高经济的内生动力，降低经济的对外依赖性，提高经济的可持续发展能力。

树立“大食物观”是把马克思主义政治经济学基本原理同新时代我国经济发展实践相结合而形成的重要成果，为提升我国经济的自主性、可持续性，促进我国经济长期稳定健康发展提供了科学指南。

（三）“大食物观”的理论依据

目前我国提出“大食物观”的新论断，是以客观经济发展规律与国内外发展环境为理论依据的。通过从中国传统粮食安全思想、西方经济学理论及马克思社会再生产理论三方面梳理我国关于“大食物观”的理论渊源发现，相比于传统的粮食安全观，“大食物观”拓宽了粮食供给范围，讲求的是大格局。依据社会再生产理论，食物消费在食物的生产、分配、交换和消费循环中是最为关键的环节。因此，“大食物观”的核心是食物消费观。具有科学性和前瞻性的食物消费观影响着食物来源观，是正确处理农业生产系统中人与自然关系的基础；食物消费观和食物来源观又共同影响着食物的空间供给结构和供给组合，促生了新的食物供给观；食物安全观是整个“大食物观”的基础，同时受食物消费观、食物来源观和食物供给观的共同影响。因此，“大食物观”包含食物消费观、食物来源观、食物供给观和食物安全观四个方面。

1. 食物消费观是“大食物观”的核心

食物消费观在社会再生产链条中消费是核心，农业生产的最终目的是满足人们食物消费的需要，因此“大食物观”的核心即为食物消费观。从食物消费角度看，“大食物观”是对传统“粮食”概念进行扩展和提升，用“食物”代替“粮食”，使食物种类更加丰富，食物结构更加合理，既满足“量”的需求，也实现“质”的提升，要饭碗越端越稳，吃得越来越好。“大食物观”的“大”字核心体现在人与人、人与自然的关系，这与联合国粮农组织对食物安全的定义也是一致的。食物安全是指保证任何人在任何时候能买得到又能买得起为维持生存和健康所必需的足够食品，在这个定义中买得到是指人与自然的关系，而买得起是指人与人的关系。人类只有领悟了正确的精神食粮，才能处理好物质层面的食物。依据中国大文学家苏轼“博观而约取，厚积而薄发”的思想，食物消费的节约观是食物消费观的重要内容之一；依照中国居民平衡膳食宝塔，建立食物消费的健康观是食物消费观的核心内容。树立“大食物观”是为了更好满足人民日益增长的美好生活需要这一根本目的，建立科学“大食物观”根本是为了解决农业发展不平衡、不充分与人民对食物消费需求升级的矛盾，所以食物消费观还应包括食物的消费升级观。科学的食物消费观能实现绿色高质量发展和食物供给的可持续性，在牢牢端稳饭碗的同时回应人民群众对美好生活的向往，满足人民群众由吃得饱向吃得好的需求转变。因此，食物消费的节约观、健康观和升级观就构成了食物消费观。

2. 食物来源观是“大食物观”的方向

食物来源观是人从自然界获取食物过程中的视野和眼界，是“大食物观”的方向，传统食物来源观主要集中在粮食作物，尤其是谷物类作物。根据数千年的人类饮食发展史和食品营养科学研究的结论可知，自然界可供人类食用的食物有数百种，大食物观下的食物来源观就是不断拓展可供人类食用的食物。要辩证、全面地把握“大食物观”的内涵，使食物供给从“以量为主”转向“量质结合”，使食物政策从“有没有”“够不够”转向“好不好”“优不优”；在全面评价资源环境承载能力、合理有序地保护生态安全的基础上，让土地资源、水资源等休养生息，为人类带来源源不断的食物。要调整优化食物生产结构和区域布局，丰富扩大食物来源，以需求为导向积极推进农业供给侧改革。在食物消费观指导下建立食物来源观，既能使食物来源的种类、范围不断扩大，又能使人类在获取食物过程中处理好人与人、人与自然的关系；从空间角度看食物来源观既要着眼于国内的食物来源，又要着眼于国外的食物来源，国外食物进口既要着眼于大宗农产品进口，又要着眼于非大宗农产品进口。既要将食物来源视野扩大到全球范围，将国际市场以及国际资源充分纳入中国食物保障的范畴之下，又要紧紧抓住农业生产源头，从种苗选育入手，加大选育技术力度，加大增产力度，挖掘单位产量，从种子品质上确保中国的食物安全。因此，从全球角度不断拓宽食物来源是保障食物安全和满足各类食物有效供给的有效途径，能满足人民日益增长的美好生活需要这一根本目的。

3. 食物供给观是“大食物观”的实现路径

食物供给观是人从自然界获取食物的手段，是“大食物观”的实现路径。在中国居民食物消费不断升级的背景下，虽然中国口粮供给基本安全，但是饲料粮进口压力将不断加大，保障饲料粮供给安全是保障食物消费产品供给安全的基本保障。国内食物供给远远不够，在科学食物消费观的指导下，食物供给必须一手抓国内食物供给，一手抓国外食物供给；一手抓主粮的生产，一手抓非主粮的生产。树立“大食物观”，就是要构建可持续的食物安全保障体系，通过农业食物系统转型，提高健康营养食物的可获得性与可利用性，实现食物供给多元化；“大食物观”追求的是大格局与全球视野，应立足国内放眼国际，充分利用国际与国内两种土地资源、主粮生物资源与非主粮生物资源，中国食物供给才能在保障食物安全的基础上达到保护耕地的目的，只有建立新的食物供给观，食物供给才能实现可持续发展，才能更好地满足人民日益增长的美好生活需要。

4. 食物安全观是“大食物观”的基础

食物安全观是“大食物观”的基础，没有食物安全观，其他食物观都无从谈起。食物安全观既要保障食物数量安全，满足人民能吃得饱，满足人民基本的蛋白和能量需求，又要保证食物质量安全，满足人民吃得放心、吃得开心，这两只脚都要立得稳，缺一不可。目前，食物数量安全在我国能基本得到保障，但是随着居民收入水平不断提升，在我国居民食物消费结构不断升级和食物消费品质不断提升的背景下，我国居民的食物质量安全面临较大挑战，应从源头保障食物安全，提高包括粮食种子在内的蔬菜、水果、畜类、鱼类等种子品质，从食物供给端解决新时代我国食物质量安全面临的挑战。这也进一步证明“大食物观”中的食物消费观、食物来源观、食物供给观和食物安全观是一个有机整体。

综上，在“大食物观”的理论框架中，食物消费观、食物来源观、食物供给观和食物安全观是相互影响、相互作用的有机整体。首先，食物消费的节约观能减轻国内食物生产压力和进口依赖，从而影响食物来源观和食物供给观。这种节约观有助于缓解资源环境压力，促使人类在获取食物时正确处理人与自然的关系，在拓宽食物来源的同时实现可持续发展。新的食物消费观不仅能通过控制消费总量缓解人与自然的紧张关系，还能通过优化消费结构减少对耕地地力的透支，为保护耕地和调整食物来源结构提供新思路。此外，消费结构的优化还会影响我国农产品进口结构，降低大宗农产品进口的市场风险和政治风险，进而完善粮食供给观。其次，食物消费观直接影响食物安全观。消费过程中的健康需求和结构升级需求，不仅推动着食物来源的多元化和供给结构的优化，还对食物质量安全提出了更高要求。因此，在“大食物观”的理论框架中，食物消费观居于核心地位，其变化深刻影响着食物来源观、供给观和安全观。

第二章

“大食物观”开发利用

一 大食物种类

（一）大食物种类概况

1. 食物的分类

食物是人类获取热量和各种营养素的基本来源，是人类赖以生存、繁衍的物质基础。在现实生活中，食物的种类繁多，组成复杂，性质各异。

单纯的物质食物就是我们现代营养学所关注的碳水化合物、蛋白质、脂肪、维生素、矿物质、膳食纤维和水七大类。现代营养学告诉我们，人体需要多种多样的食物，各种食物都有其不同的营养优势。

我国古人对食物的认识，可谓是富有智慧了。从食味上划分，有酸、苦、甘、辛、咸食物；从食性上划分，有寒、热、温、凉、平食物；从食类上划分，有生、冷、腥、发、肥、腻等食物。

在中国居民膳食宝塔中，专家将食物分为五大类。第一类为谷类及薯类；第二类为动物性食物，包括肉、禽、鱼、奶、蛋等；第三类为豆类和坚果，包括大豆、其他干豆类及花生、核桃、杏仁等坚果类；第四类为蔬菜、水果和菌藻类；第五类为纯能量食物，包括动植物油、淀粉、食用糖、盐和酒类。

还有人把食物分为悦性食物、变性食物、惰性食物；酸性食物、碱性食物；高压力性食物、低压力性食物；阳性食物、阴性食物；等等。

从“大食物观”角度看，可以把食物分为植物类食物、动物类食物和微生物类食物三大类。

2. 食品的分类

我国现行的食品分类体系主要包括食品生产许可食品分类体系、食品安全标准食品分类体系、《食品安全监督抽检实施细则》中食品分类体系等。

《食品生产许可分类目录》将食品分为32大类，并具体规定了亚类及其所属的品种明细。《食品生产许可证》中“食品生产许可品种明细表”按照《食品生产许可分类目录》填写。该目录适用于食品生产许可。

GB 2760—2014《食品安全国家标准 食品添加剂使用标准》中的食品分类采用

分级系统，将食品分为16大类。食品分类系统用于界定食品添加剂的使用范围，只适用于对该标准的使用。如某一食品添加剂应用于一个食品类别时，就允许其应用于该食品类别包含的所有上下级食品（除非另有规定），反之下级食品允许使用的食品添加剂不能被认为可应用于其上级食品，所以在查找一个食品类别中允许使用的食品添加剂不能被认为可应用于其上级食品，在查找一个食品类别中允许使用的食品添加剂时，特别需要注意食品类别的上下级关系。

GB 2761—2017《食品安全国家标准　食品中真菌毒素限量》的附录A.1食品类别（名称）说明，涉及10大类食品，每大类下分为若干亚类，依次分为次亚类、小类等。食品类别（名称）说明用于界定真菌毒素限量的适用范围，仅适用于该标准。当某种真菌毒素限量应用于某一食品类别（名称）时，则该食品类别（名称）内的所有类别食品均适用，有特别规定的除外。

GB 2762—2017《食品安全国家标准　食品中污染物限量》的附录A食品类别（名称）说明，涉及22大类食品，每大类下分为若干亚类，依次分为次亚类、小类等。食品类别（名称）说明（附录A）用于界定污染物限量的适用范围，仅适用于该标准。当某种污染物限量应用于某一食品类别（名称）时，则该食品类别（名称）内的所有类别食品均适用，有特别规定的除外。

GB 2763—2021《食品安全国家标准　食品中农药最大残留限量》的附录A（规范性附录）食品类别及测定部位，将食品按照原料来源不同分为11大类。食品类别及测定部位（附录A）用于界定农药最大残留限量应用范围，仅适用该标准。如农药的最大残留限量应用于某一食品类别时，在该食品类别下的所有食品均适用，有特别规定的除外。

GB 14880—2012《食品安全国家标准　食品营养强化剂使用标准》的附录D食品类别（名称）说明，将食品分为16大类。D食品类别（名称）说明用于界定营养强化剂的适用范围，只适用于该标准，如允许某一营养强化剂应用于某一食品类别（名称）时，则允许其应用于该类别下的所有类别食品，另有规定的除外。

国家食品安全监督抽检实施细则中食品分类系统，在依据基础标准（GB 2760、GB 2761、GB 2762、GB 2763、GB 29921、GB 31650等）判定时，食品分类按基础标准的食品分类体系判断。各类食品细则中另有规定的，按其规定执行。

海关HS编码查询服务，提供进出口商品HS编码检索。HS编码（全称“商品名称及编码协调制度”）是在《海关合作理事会税则商品分类目录》（CCCN）和联合国《国际贸易标准分类》（SITC）两大分类编码体系上整合而成的系统性、多用途国际贸易商品分类标准。

3. 健康食品

健康食品（Healthy Food）是食品的一个种类，具有一般食品的共性，其原材料也主要取自天然的动植物，经先进生产工艺，将其所含丰富的功效成分作用发挥到极致，从而能调节人体机能，适用于有特定功能需求的相应人群食用的特殊食品。对于健康食品，可以进行健康食品认证。健康食品按概念可分为无公害食品、绿色食品、有机食品、绿色无公害食品等。

（1）无公害食品。

无公害食品指产地生态环境清洁，按照特定的技术操作规程生产，将有害物含量控制在规定标准内，并由授权部门审定批准，允许使用无公害标志的食品。无公害食品注重产品的安全质量，其标准要求不是很高，涉及的内容也不是很多，适合我国当前的农业生产发展水平和国内消费者的需求，对于多数生产者来说，达到这一要求不是很难。当代农产品生产需要由普通农产品发展到无公害农产品，再发展至绿色食品或有机食品。

（2）绿色食品。

绿色食品概念是我们国家提出的，指遵循可持续发展原则，按照特定生产方式生产，经专门机构认证，许可使用绿色食品标志的无污染的安全、优质、营养类食品。由于与环境保护有关的事物国际上通常都冠之以“绿色”，为了突出这类食品产自良好生态环境，因此定名为绿色食品。无污染、安全、优质、营养是绿色食品的特征。无污染是指在绿色食品生产、加工过程中，通过严密监测、控制，防范农药残留、放射性物质、重金属、有害细菌等对食品生产各个环节的污染，以确保绿色食品产品的洁净。

绿色食品分为 A 级和 AA 级。A 级绿色食品系指在生态环境质量符合规定标准的产地，生产过程中允许限量使用限定的化学合成物质，许可使用 A 级绿色食品标志的产品。AA 级绿色食品系指在环境质量符合规定标准的产地，生产过程中不使用任何有害化学合成物质，按特定的操作规程生产、加工，产品质量及包装经检测、检验符合特定标准，并经专门机构认定，许可使用 AA 级有绿色食品标志的产品。AA 级绿色食品标准已经达到甚至超过国际有机农业运动联盟的有机食品的基本要求。

（3）有机食品。

有机食品是国际上普遍认同的叫法，也有叫生态或生物食品的。国际有机农业运动联盟（IFOAM）给有机食品下的定义是：根据有机食品种植标准和生产加工技术规范而生产的、经过有机食品颁证组织认证并颁发证书的一切食品和农产品。生态环境部有机食品发展中心（OFDC）认证标准中对有机食品的定义是：来自有机农业生产体系，根据有机认证标准生产、加工、并经独立的有机食品认证机构认证的农产品及其加工品等，包括粮食、蔬菜、水果、奶制品、禽畜产品、蜂蜜、水产品、调料等。有机食品与无公害食品和绿色食品的最显著差别是，前者在其生产和加工过程中绝对禁止使用农药、化肥、除草剂、合成色素、激素等人工合成物质，后者则允许有限制地使用这些物质。因此，有机食品的生产要比其他食品难得多，需要建立全新的生产体系，采用相应的替代技术。

（4）绿色无公害食品。

绿色无公害食品是出自洁净生态环境、生产方式与环境保护有关、有害物含量控制在一定范围之内、经过专门机构认证的一类无污染的、安全食品的泛称，它包括无公害食品、绿色食品和有机食品。

（5）其他健康食品。

疗效食品。指病人的对症食品，如低脂、低热、低盐、低糖食品，低胆固醇食品，强化营养食品，减肥食品，糖尿病人食品和调节营养的食品等。

营养补助食品。包括食品中添加各类的营养补助品，或除去某些抑制营养因素的食品，如综合维生素丸、钙片、铁剂。

特殊用途食品。即医疗用食品，如患有谷类蛋白过敏症的病人，必须吃将小麦蛋白、米蛋白等萃取出来特殊处理过的谷类，以避免疾病的复发。

功能性食品。具备预防或延迟某些疾病发生的作用，如乳酸杆菌饮料、低脂肪牛奶等稍带有日常保健食品因素的对症缓效性食品；健康饮料剂、营养饮料剂、体育饮料、特别减量食品等人工速效性食品。

（二）植物类食物

1. 谷类

在我国，谷类食物主要有稻米、面粉、玉米、小米、高粱等。谷类食物主要是淀粉，含 70%～80% 的碳水化合物，消化率很高；含 6%～10% 的蛋白质，但生物利用率较低；脂肪含量多在 20% 以下；矿物质含量 1.5%～3%，主要是磷和钙；还含一定量的膳食纤维。谷类是膳食中 B 族维生素的重要来源，其维生素主要存在于谷粒外围（胚芽、糊粉层），在粮食碾磨过程中，常有损失。谷类中烟酸含量较高，但必须经碱处理才能被人体利用。玉米、小米含少量胡萝卜素。

谷类食物

（1）全谷物。指未经过精细化加工或者经过碾磨、粉碎、压片等处理，仍然保留完整谷粒所具备的胚乳、胚芽、布皮以及天然营养成分的谷物，如小麦、大麦、燕麦、黑麦、糙米、玉米等。

小麦

大麦

燕麦

玉米

（2）精致谷物。主要是指谷物的摄入部分，如我们吃的大米、面粉等。

大米

面粉

2. 薯类

薯类又称根茎类作物，指具有可供食用块根或块茎类的陆生作物，包括马铃薯、甘薯、紫薯、山药、木薯、芋头、雪莲果等。马铃薯、甘薯等含淀粉和粗纤维较多，蛋白质含量较低，无机盐含量也较少。但马铃薯、甘薯却含有较多的维生素 C，甘薯还含有丰富的胡萝卜素。

马铃薯

紫薯

山药

木薯

芋头

3. 豆类

日常生活中接触比较多的豆类主要是大豆和杂豆。大豆包括黄豆、青豆和黑豆。大豆含蛋白质 35%～40%、油脂 17%～20%，其中含人体必需脂肪酸——亚油酸约占 50%，是其他油脂所不能比拟的。大豆约含 30% 的碳水化合物，其中人体可利用的占一半。大豆中还含钙、铁、锌、维生素 B_1、维生素 B_2 和烟酸等。

杂豆指除了大豆以外的红豆、绿豆、芸豆、豌豆、蚕豆、豇豆、扁豆、花豆等，所含营养物质也与大豆相似，但其蛋白质营养价值稍低。

红豆

绿豆

豌豆

蚕豆

我国大豆制品有上百种，通常分为非发酵豆制品和发酵豆制品两类。大豆加工后可以提高它的利用率，不同加工和烹饪方法对大豆蛋白质的消化率有明显的影响。整粒煮熟的大豆蛋白质消化率仅为65%左右，加工成豆浆或者豆腐之后，消化率可提高到80%以上。非发酵豆制品有豆浆、豆腐干、豆腐丝、豆腐脑、豆腐皮、香干等。

豆浆

豆腐脑

豆腐丝

4. 坚果类

按照植物学来源的不同，坚果可以分为木本坚果和草本坚果；按照脂肪含量的不同，坚果可以分为油籽类坚果和淀粉类坚果，油籽类坚果富含油脂，包括核桃、榛子、杏仁、巴旦木、开心果、松子、腰果、夏威夷果、碧根果、花生、葵花籽、西瓜子、南瓜子等，淀粉类坚果淀粉含量高而脂肪含量较少，包括板栗、莲子、银杏、芡实等。

坚果富含核酸及不饱和脂肪酸等营养成分。研究表明，适量摄入核酸有助于改善皮肤状态；其不饱和脂肪酸（如亚油酸、α-亚麻酸）不仅是皮肤细胞膜的重要构成成分，还能促进与皮肤弹性相关的激素合成，对维持皮肤健康具有积极作用。

核桃

榛子

巴旦木

板栗

5. 蔬菜类

蔬菜是指可以做菜、烹饪成为食品的一类植物或菌类，是人们日常饮食中必不可少的食物之一。蔬菜可提供人体所必需的多种维生素和矿物质等营养物质。据联合国粮农组织1990年统计，人体必需的维生素C的90%、维生素A的60%来自蔬菜。此外，蔬菜中还有多种多样的植物化学物质，这些公认对健康有效的成分，已知可以有效预防慢性、退行性疾病的多种营养素，正在被研究发现。根据颜色、质地和营养特点，蔬菜可以分为以下8类。

（1）菊科家族。

菊科家族庞大，有超过2.3万个“成员”，它主要由可食用的开花植物以及一些草本植物组成。菊科家族里最常见的蔬菜包括生菜、洋蓟、菊苣、莴苣、洋甘菊等。

生菜

（2）葱科家族。

葱科家族是我们烹饪里最常使用的蔬菜。葱科家族里有大蒜、洋葱、韭菜和葱等。这些蔬菜不仅用于调味，而且有很多健康益处，它们有助于抵抗一些疾病，如癌症和心血管疾病等。

洋葱

大葱

(3) 十字花科家族。

花椰菜

十字花科最主要的组成部分就是十字花科蔬菜，也被称为绿叶蔬菜。这些蔬菜富含维生素和纤维，因此营养成分极高。十字花科的成员包括花椰菜、羽衣甘蓝、抱子甘蓝、萝卜、芥末、芜菁、水芹、辣根和大头菜等。

(4) 葫芦科家族。

葫芦科蔬菜是夏季最适合吃的蔬菜。这个家族的蔬菜成员有黄瓜、西葫芦、南瓜、丝瓜、甜瓜和冬瓜等。

瓜类食物

(5) 茄科家族。

茄科家族的成员有茄子、甜椒、辣椒等。另外，还有重要的粮食作物——马铃薯。

茄子

(6)豆科家族。

我们每天获取蛋白质的食物来源，如大豆、豆荚、豌豆和小扁豆等，都是属于豆科家族。对于素食主义者而言，豆科家族是绝佳的选择。

豆类

(7)伞形科家族。

伞形科主要由块根蔬菜和香料组成。这个家族里的蔬菜包括胡萝卜、小茴香、莳萝、茴香、芹菜、香菜、欧防风、欧芹等。而香料也被用作世界各地各种美食的调味料。

胡萝卜

(8)苋科家族。

苋科家族的成员有甜菜、菠菜、藜麦、苋菜、藜、牛皮菜等，它们为人们提供了丰富的维生素，比如叶酸、核黄素、硫胺素和烟酸等。

菠菜

6. 水果类

水果，是指多汁且主要味觉为甜味和酸味，可食用的植物果实。水果不但含有丰富的营养，而且能够促进消化。含维生素 C 较多的水果以柑橘、山楂、鲜枣、猕猴桃等为主。深绿色和黄红色的水果含胡萝卜素较多，如芒果、杏等。有些野果常含丰富的维生素和无机盐类，是大有开发利用前途的食物资源。根据颜色、形状和风味的不同，可分为以下 6 类。

水果

（1）柑橘类水果。

柑橘类水果有橙子、柠檬、柑橘和葡萄柚等。这类水果具有许多共同的特质，如香气怡人，美味多汁。这类水果不仅富含维生素 C，可以帮助增强免疫系统并有助于抗衰老，还是纤维和钾的极好来源。

（2）梨果类水果。

苹果和梨是最受欢迎的水果之一，长期食用对人体十分有益。可以在一天里的任何时候食用，它们有饱腹感，可提供大量的营养、维生素、矿物质和膳食纤维。

柑橘类水果

梨果类水果

（3）核果类水果。

核果类水果有桃子、芒果、荔枝、李子、樱桃和油桃等。研究表明，核果类水果有增强免疫系统、恢复皮肤活力、促进消化、缓解肌肉酸痛、改善睡眠等功效。

（4）浆果类水果。

浆果类水果中营养价值最高的有草莓、覆盆子和蓝莓等。大部分浆果都富含可以阻止自由基的抗氧化剂，可延缓皮肤衰老。此外，浆果也有助于控制血糖和胰岛素水平，是糖尿病患者的理想选择。每天吃些浆果，可以获得优质的营养，比如维生素 C、维生素 K 和叶酸等。

（5）瓜类水果。

瓜类水果有西瓜、哈密瓜和香瓜等。这些水果富含人体必需的矿物质和维生素，在夏天有解暑的功效。

（6）热带水果。

热带水果是指在温暖气候地区种植的水果，包括香蕉、番石榴、巴西莓、鳄梨、菠萝蜜、椰子、木瓜、杨桃和百香果等。

核果类水果

浆果类水果

瓜类水果

热带水果

（三）动物类食物

1. 畜禽肉类

畜禽肉类可供给人体优质的蛋白质和脂肪，同时也是维生素 A 和维生素 B_2 的重要来源，无机盐含量不多但易于吸收利用。

（1）畜类。

畜类是主要的动物性食品，如猪肉、牛肉、羊肉、兔肉、马肉、骡肉、驴肉、狗肉、鹿肉、骆驼肉等。畜类不仅含较高能量、较多的优质蛋白、丰富的脂类物质、足量而平衡的维生素 B 族和微量元素，而且饱腹作用大，可利用率高。牛肉、羊肉、猪肉的脂肪饱和度较高，约为 50%。

猪

牛

羊

马

驴

骆驼

(2) 禽类。

禽类也是主要的动物性食品，如鸡肉、鸭肉、鹅肉、鹌鹑肉、鸵鸟肉、鸽子肉等。

鸡

鸭

鹅

鹌鹑

鸡肉作为最古老的食物之一，至今仍十分受消费者青睐，而且鸡肉价格适中，煮熟以后味道也十分鲜美。鸭肉健康而又美味，它可以做成各种各样的菜，如烤鸭、老鸭汤等。

鸡肉

烧鸭

2. 水产类

与畜禽肉类相比，水产品的蛋白质与其相当，胆固醇含量也较低，脂肪比畜禽肉类的更优。另外，含铁、钙等无机盐和微量元素比畜禽肉类高几倍至十几倍，含丰富的碘和较多的维生素 B_2、烟酸。

鱼

（1）鱼类。

世界现存鱼类的分布极广，近 4 000 米的高山水域与 6 000 余米的深海均有分布，其中海水鱼与淡水鱼的种数之比为 2∶1。中国的海洋鱼已知的约有 2 000 种，常见的有带鱼、大黄鱼、鳓鱼、鲳鱼、鲐鱼、鲅鱼、大马哈鱼、鲚鱼、鲥鱼等。中国的淡水鱼有 1 000 多种，中国的内陆水域不仅有丰富的鲤科鱼类，而且有团头鲂、著名的“四大家鱼”（青鱼、草鱼、鲢鱼、鳙鱼）、鲮鱼等优良养殖鱼种。鱼类富含蛋白质、维生素和矿物质，较名贵的有鳜鱼、武昌鱼、鳟鱼、鳗鱼、鳕鱼。

（2）甲壳类。

甲壳类，多指虾、蟹等有坚硬外壳保护的动物。世界上的甲壳动物种类很多，大约有 2.6 万种。虾、蟹等甲壳动物营养丰富，味道鲜美，具有很高的经济价值。有些甲壳类动物还是鱼类等经济动物的饵料。在甲壳类动物中，也有一些种类是有害的，如藤壶等。

虾

螃蟹

（3）贝类。

贝类品种很多，常见的有赤贝、蝶贝、田螺、海螺、蛤蜊、文蛤等。贝类肉质细嫩鲜美，营养丰富，特别是牡蛎、贻贝、扇贝和乌蛤等的蛋白质含量高，脂肪含量低。但不能生吃或吃不太熟的贝，否则容易中毒或有感染多种病菌或寄生虫的风险。

章鱼

（4）头足类。

在中国海记录到的各类头足类动物近 3 000 种，乌贼、鱿鱼、章鱼等。

（5）棘皮类。

身体表面长有许多长短不一的棘状突起，如海星、海胆、海参等。

海参

海星

（6）腔肠类。

腔肠类又被称为刺胞动物，目前在中国海记录到的各种海洋腔肠动物有 1 000 余种，如海蜇、海葵、珊瑚等。

（7）藻类。

藻类主要有海带、裙带菜、紫菜、马尾藻、枝角藻、螺旋藻等。我国藻类产业规模居世界前列，年产 260 多万吨海藻干品。

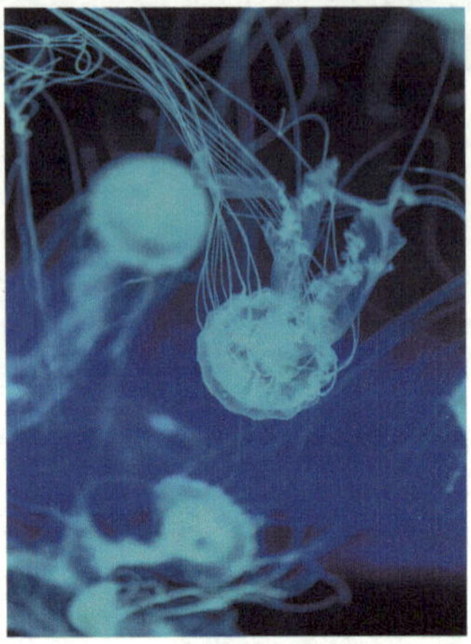
水母

裙带菜

3. 蛋类

鲜蛋富含蛋白质、维生素 A、维生素 D 和维生素 B_2 等。蛋类主要包括鸡蛋、鸭蛋、鹅蛋、鹌鹑蛋等。国外研究表明，连续 6 个月每天吃一个鸡蛋的儿童能够达到理想的身高。中国也有研究发现，每天吃一个鸡蛋有助于降低患心脏病和中风的概率。

鸡蛋

鸭蛋

鹅蛋

鹌鹑蛋

4. 奶类食品

中国食用的奶类食品以牛奶为主，牛奶含蛋白质和钙较多，也是维生素 A、维生素 B_2 的良好来源，但含铁少，若不补铁，易引起缺铁性贫血。

牛奶

新鲜牛奶里含有大量维生素、矿物质和其他营养物质。国外专家认为，不喝牛奶或者少喝牛奶有可能会导致骨骼脆弱和钙缺乏症。全脂牛奶的脂肪含量为 3.9%，其中饱和脂肪含量非常高（占 62%），食用过多会使血液中胆固醇含量升高，并最终导致心脑血管疾病。脱脂牛奶比全脂牛奶对有减脂需求的人群更有益。脱脂牛奶脂肪含量仅为 0.1%，而且热量仅为全脂牛奶的一半。半脱脂牛奶脂肪含量仅为 1.6%（不到全脂牛奶的一半），热量约为全脂牛奶的 70%。

（四）微生物类食物

微生物是指包括细菌、病毒、真菌以及一些小型的原生生物、显微藻类等在内的一大类生物群体，它个体微小，与人类关系密切。其涵盖了有益和有害的众多种类，广泛涉及食品、医药、工农业、环保、体育等诸多领域。有些微生物是肉眼可以看见的，如属于真菌的蘑菇、灵芝、香菇等。

1. 微生物特征

地球诞生至今已有 46 亿多年，最早的微生物 35 亿年前就已出现在地球上，人类出现在地球上则只有几百万年的历史。研究发现，微生物之所以能在地球上最早出现，又延续至今，这与它们的一些特征有关。

（1）体小面大。

一个体积恒定的物体，被切割得越小，其相对表面积越大。微生物体积很小，如一个典型的球菌，其体积约 1 mm^3，可是其表面积却很大。这个特征也是赋予微生物代谢快等其他特性的基础。

（2）吸多转快。

微生物通常具有极其高效的生物化学转化能力。据研究，乳糖菌在 1 个小时之内能够分解其自身重量 1 000～10 000 倍的乳糖，产朊假丝酵母菌的蛋白合成能力是大豆蛋白合成能力的 100 倍。

（3）生长繁殖快。

相比于大型动物，微生物具有极快的生长繁殖速度。大肠杆菌能够在 12.5～20 分钟内繁殖 1 次。微生物的这一特性使其在工业上有广泛的应用，如发酵、单细胞蛋白等。

（4）食量大。

生物界一个普遍规律就是个头越小，“胃口”越大。微生物的结构非常简单，它们个头虽小，但整个体表都具能吸收营养物质，这就使它们的“胃口”变得分外庞大。如果将一个细菌在 1 个小时内消耗的糖分换算成一个人要吃的粮食，那么，这个人得吃五百年。

（5）食谱广。

微生物不仅食量大，而且无所不“吃”。地球上已有的有机物和无机物，都可以说是它们的食物，就连化学家合成的最新颖复杂的有机分子，也都难逃微生物之“口”。人们把那些只“吃”现成有机物质的微生物，称为有机营养型或异养型微生物；把另一些靠二氧化碳和碳酸盐自食其力的微生物，称为无机营养型或自养型微生物。

2. 微生物分类

我国将微生物划分为细菌、病毒、真菌、放射菌、立克次氏体、支原体、衣原体、螺旋体等。以下主要介绍食品中常见的微生物，有细菌、酵母和霉菌。

（1）细菌。

醋酸杆菌：常见于腐烂的水果、蔬菜、醋和饮料酒中。属革兰氏阴性无芽孢杆菌，兼性好氧，但易出现退化型。醋酸杆菌能氧化乙醇使之成为乙酸，因而是制造食醋的主要菌种。

非致病棒杆菌：经常从土壤、水、空气和被污染的细菌培养皿或血平板中分离得到。非致病棒杆菌中的谷氨酸棒杆菌、力士棒杆菌、解烃棒杆菌经常用于味精的生产。它们能将糖分解成有机酸，并将含氮物质分解成铵离子，再进一步合成谷氨酸并积累于发酵液中。

乳酸菌：能产生乳酸，是发酵乳制品制造过程中起主要作用的一类菌。按其对糖发酵特性可分为同型发酵菌和异型发酵菌。同型发酵菌在发酵过程中，能使发酵液中80%～90% 的乳糖转化成乳酸。异型发酵菌在发酵过程中，能使发酵液中 50% 的乳糖转化为乳酸，另外 50% 的糖转变为其他有机酸、醇、二氧化碳、氢等。

（2）酵母。

酿酒酵母：对酒精有较大的耐力，能发酵葡萄糖、麦芽糖、半乳糖、蔗糖等。其常存在于酒曲、果皮、发酵的果汁以及果园的土壤中，是酿酒工业中最常用的菌。

椭圆酵母：其他生化特性与酿酒酵母相似，除能耐较高浓度的乙醇外，还能耐较高的葡萄汁酸度和较低浓度的二氧化硫，因而常用于葡萄酒的酿造。

卡尔酵母：是啤酒酿造中典型的底面酵母。它的形态与生化特性都与酿酒酵母相似，不同之处是它具有完全发酵棉子糖的能力。

异常汉逊酵母：能发酵葡萄糖、蔗糖、麦芽糖、半乳糖、棉子糖；不能发酵蜜二糖和乳糖。由于能产生乙酸乙酯，因而在改善食品风味中能起一定作用。

（3）霉菌。

食品生产中常用的霉菌有毛霉、根霉、曲霉和地霉。

3. 微生物食物

微生物创造的蛋白食物资源可分为三类：微生物菌类食物、微生物发酵生产食物、微生物与动植物互作创制食物。

（1）微生物菌类食物。

微生物菌类食物是以微生物菌种自身生长而产生的微生物菌体蛋白，例如大型的食用真菌，包括蘑菇、木耳、银耳、金针菇等。食用菌作为一类大型可食用的真菌，具有不与人争粮、不与粮争地、不与地争肥、不与农争时、不与其他行业争资源的特点。食用菌通过菌物栽培生产菌物蛋白，以丰富的营养和口味改变着人们的生活。

蘑菇

木耳

根据《中华人民共和国食品安全法》及其实施条例的有关规定，2010 年卫生部组织制定了《可用于食品的菌种名单》，文件指出可用于食品的菌种主要有双歧杆菌属、青春双歧杆菌、动物双歧杆菌（乳双歧杆菌）、两歧双歧杆菌、短双歧杆菌、婴儿双歧杆菌、长双歧杆菌、乳杆菌属、嗜酸乳杆菌、干酪乳杆菌、卷曲乳杆菌、德氏乳杆菌保加利亚亚种（保加利亚乳杆菌）、德氏乳杆菌乳亚种、发酵乳杆菌、格氏乳杆菌、瑞士乳杆菌、约氏乳杆菌、副干酪乳杆菌、植物乳杆菌、罗伊氏乳杆菌、鼠李糖乳杆菌、唾液乳杆菌、链球菌属、嗜热链球菌、小牛葡萄球菌、木糖葡萄球菌、肉葡萄球菌、凝结芽孢杆菌等。

（2）微生物发酵生产食物。

微生物与动植物互作创制食物是通过微生物发酵繁殖自身或产生代谢产物，如单细胞蛋白、氨基酸、多糖、多肽等。微生物发酵产品主要包括两类：一类是以微生物菌体自身繁殖为目的生产的菌体蛋白，该类微生物种类很多，包括细菌、放线菌、酵母菌、霉菌以及某些原生生物等；另一类是以微生物为媒介通过发酵产生的代谢产物蛋白，主要是各种氨基酸、小肽等。常见的发酵反应有乙醇发酵和乳酸发酵。

乙醇发酵是一种无氧呼吸过程，主要由一些厌氧微生物（如酵母菌）参与完成。乙醇发酵可以将葡萄糖分解成乙醇和二氧化碳，并释放少量能量。乙醇发酵在实际中有很多应用，例如制作面包、啤酒、葡萄酒等。在制作面包时，二氧化碳使面团膨胀起来，形成松软多孔的结构；在制作啤酒和葡萄酒时，乙醇发酵产生酒精和二氧化碳，同时也影响酒的风味。

乳酸发酵也是一种无氧呼吸过程，主要由一些厌氧微生物（如乳酸菌）参与完成。乳酸发酵可以将葡萄糖分解成乳酸，并释放少量能量。乳酸发酵在实际中也有很多应用，例如制作奶酪、酸奶、泡菜、豆豉、腐乳、酱油等。在制作奶制品时，乳酸使牛奶变酸，从而使牛奶中的乳清蛋白和乳球蛋白凝固沉淀，形成凝乳；在制作泡菜和豆腐时，乳酸也有助于增加食物的风味和防腐效果。

面包

酸奶

腐乳

豆豉

泡菜

酱油

（3）微生物与动植物互作创制食物。

微生物与动植物互作创制食物是以农用微生物制品的形式，通过与动植物互作促进动植物产品增长和质量提升，如微生物肥料、微生物农药、微生物饲料、微生物兽药等，在保障粮食安全、生命健康等方面发挥重要作用。微生物是动植物有效吸收营养的重要能量转换者、营养调节师。微生物肥料和农药、微生物饲料及益生菌添加剂、发酵中药生物饲料、微生物兽药等农用微生物制品，如根瘤菌、菌根菌、微生物肥料等微生物与作物互作，具有抗病、促生、提高产量和品质的作用；益生菌、酵母菌等微生物能促进动物体内肠道菌群平衡，提高免疫力，提升动物品质和产量。

（五）特色类食物

特色类食物主要有药食同源的物质、可用于保健食品的中药、可用于普通食品的物质、具有保健作用的食物、具有治疗作用的食物和地方特色食品，这类食物（物质）通常具有良好的安全性和营养价值，可以在日常饮食中轻松获取。

1. 药食同源的物质

生产经营的食品中不得添加药品，但是可以添加按照传统既是食品又是中药材的物质（简称“食药物质”）。截至目前，国务院卫生行政部门分别于2019年、2022年、2023年共发布了3批次既是食品又是中药材名单。

丁香、八角茴香、刀豆、小茴香、小蓟、山药、山楂、马齿苋、乌梢蛇、乌梅、木瓜、火麻仁、代代花、玉竹、甘草、白芷、白果、白扁豆、白扁豆花、龙眼肉（桂圆）、决明子、百合、肉豆蔻、肉桂、余甘子、佛手、杏仁（甜、苦）、沙棘、牡蛎、芡实、花椒、赤小豆、阿胶、鸡内金、麦芽、昆布、枣（大枣、酸枣、黑枣）、罗汉果、郁李仁、金银花、青果、鱼腥草、姜（生姜、干姜）、枳椇子、枸杞子、栀子、砂仁、胖大海、茯苓、香橼、香薷、桃仁、桑叶、桑椹、橘红、桔梗、益智仁、荷叶、莱菔子、莲子、高良姜、淡竹叶、淡豆豉、菊花、菊苣、黄芥子、黄精、紫苏、紫苏籽、葛根、黑芝麻、黑胡椒、槐米、槐花、蒲公英、蜂蜜、榧子、酸枣仁、鲜白茅根、鲜芦根、蝮蛇、橘皮、薄荷、薏苡仁、薤白、覆盆子、藿香、当归、山柰、西红花（藏红花）、草果、姜黄、荜茇、党参、肉苁蓉、铁皮石斛、西洋参、黄芪、灵芝、山茱萸、天麻、杜仲叶。

2. 可用于保健食品的中药

（1）卫健委公布的可用于保健食品的中药名单。

人参、人参叶、人参果、三七、土茯苓、大蓟、女贞子、山茱萸、川牛膝、川贝母、川芎、马鹿胎、马鹿茸、马鹿骨、丹参、五加皮、五味子、升麻、天门冬、天麻、太子参、巴戟天、木香、木贼、牛蒡子、牛蒡根、车前子、车前草、北沙参、平贝母、玄参、生地黄、生何首乌、白及、白术、白芍、白豆蔻、石决明、石斛、地骨皮、当归、竹茹、红花、红景天、西洋参、吴茱萸、怀牛膝、杜仲、杜仲叶、沙苑子、牡丹皮、芦荟、苍术、补骨脂、诃子、赤芍、远志、麦冬、龟甲、佩兰、侧柏叶、制大黄、制何首乌、刺五加、刺玫果、泽兰、泽泻、玫瑰花、玫瑰茄、知母、罗布麻、苦丁茶、金荞麦、金缨子、青皮、厚朴花、姜黄、枳壳、枳实、柏子仁、珍珠、绞股蓝、葫芦巴、茜草、筚茇、韭菜子、首乌藤、香附、骨碎补、党参、桑白皮、桑枝、浙贝母、益母草、积雪草、淫羊藿、菟丝子、野菊花、银杏叶、黄芪、湖北贝母、番泻叶、蛤蚧、越橘、槐实、蒲黄、蒺藜、蜂胶、酸角、墨旱莲、熟大黄、熟地黄、鳖甲。

（2）卫健委公布的保健食品禁用中药名单。

八角莲、八里麻、千金子、土青木香、山莨菪、川乌、广防己、马桑叶、马钱子、六角莲、天仙子、巴豆、水银、长春花、甘遂、生天南星、生半夏、生白附子、生狼毒、白降丹、石蒜、关木通、农吉痢、夹竹桃、朱砂、米壳（罂粟壳）、红升丹、红豆杉、红茴香、红粉、羊角拗、羊踯躅、丽江山慈姑、京大戟、昆明山海棠、河豚、闹羊花、青娘虫、鱼藤、洋地黄、洋金花、牵牛子、砒石（白砒、红砒、砒霜）、草乌、香加皮（杠柳皮）、骆驼蓬、鬼臼、莽草、铁棒槌、铃兰、雪上一枝蒿、黄花夹竹桃、斑蝥、硫黄、雄黄、雷公藤、颠茄、藜芦、蟾酥。

3. 可用于普通食品的物质

（1）卫健委公告明确为普通食品的名单。

白毛银露梅、黄明胶、海藻糖、五指毛桃、中链甘油三酯、牛蒡根、低聚果糖、沙棘叶、天贝、冬青科苦丁茶、梨果仙人掌、玉米须、抗性糊精、平卧菊三七、大麦苗、养殖梅花鹿其他副产品（除鹿茸、鹿角、鹿胎、鹿骨外）、梨果仙人掌、木犀科粗壮女贞苦丁茶、水苏糖、玫瑰花（重瓣红玫瑰）、凉粉草（仙草）、酸角、针叶樱桃果、菜花粉、玉米花粉、松花粉、向日葵花粉、紫云英花粉、荞麦花粉、芝麻花粉、高粱花粉、魔芋、钝顶螺旋藻、极大螺旋藻、刺梨、玫瑰茄、蚕蛹、耳叶牛皮消。

（2）卫健委公告明确不是普通食品的名单。

西洋参、鱼肝油、灵芝（赤芝）、紫芝、冬虫夏草、莲子芯、薰衣草、大豆异黄酮、灵芝孢子粉、鹿角、龟甲。

4. 具有保健作用的食物

历代本草文献所载具有保健作用的食物名单如下。

聪耳（增强或改善听力）类食物：莲子、山药、荸荠、蒲菜、芥菜、蜂蜜。

明目（增强或改善视力）类食物：山药、枸杞子、蒲菜、猪肝、羊肝、野鸭肉、青鱼、鲍鱼、螺蛳、蚌。

生发（促进头发生长）类食物：白芝麻、韭菜子、核桃仁。

润发（使头发滋润、光泽）类食物：鲍鱼。

乌须发（使须发变黑）类食物：黑芝麻、核桃仁、大麦。

长胡须（有益于不生胡须的男性）类食物：鳖肉。

美容颜（使肌肤红润、光泽）类食物：枸杞子、樱桃、荔枝、黑芝麻、山药、松子、牛奶、荷蕊。

健齿（使牙齿坚固、洁白）类食物：花椒、蒲菜、莴笋。

轻身（消肥胖）类食物：菱角、大枣、榧子、龙眼、荷叶、燕麦、青粱米。

肥人（改善瘦人体质，强身壮体）类食物：小麦、粳米、酸枣、葡萄、藕、山药、黑芝麻、牛肉。

增智（益智、健脑等）类食物：粳米、荞麦、核桃、葡萄、菠萝、荔枝、龙眼、大枣、百合、山药、茶、黑芝麻、黑木耳、乌贼鱼。

益志（增强志气）类食物：百合、山药。

安神（使精神安静、利睡眠等）类食物：莲子、酸枣、百合、梅子、荔枝、龙眼、山药、鹌鹑、牡蛎肉、黄花鱼。

增神（增强精神，减少疲倦）类食物：茶、荞麦、核桃。

增力（健力，善走等）类食物：荞麦、大麦、桑葚、榛子。

强筋骨（强健体质，包括筋骨、肌肉以及体力）类食物：栗子、酸枣、黄鳝、食盐。

耐饥（使人耐受饥饿，推迟进食时间）类食物：荞麦、松子、菱角、香菇、葡萄。

能食（增强食欲、消化等能力）类食物：葱、姜、蒜、韭菜、芫荽、胡椒、辣椒、胡萝卜、白萝卜。

壮肾阳（调整性功能，治疗阳痿、早泄等）类食物：核桃仁、栗子、刀豆、菠萝、樱桃、韭菜、花椒、狗肉、狗鞭、羊肉、羊油脂、雀肉、鹿肉、鹿鞭、燕窝、海虾、海参、鳗鱼、蚕蛹。

种子（增强助孕能力，包括安胎作用）类食物：柠檬、葡萄、黑雌鸡、雀肉、雀脑、鸡蛋、鹿骨、鲤鱼、鲈鱼、海参。

5. 具有治疗作用的食物

历代本草文献所载具有治疗作用的食物名单如下。

散风寒类（用于风寒感冒病症）食物：生姜、葱、芥菜、芫荽。

散风热类（用于风热感冒病症）食物：茶叶、豆豉、杨桃。

清热泻火类（用于内火病症）食物：茭白、蕨菜、苦菜、苦瓜、松花蛋、百合、西瓜。

清热生津类（用于燥热伤津病症）食物：甘蔗、番茄、柑、柠檬、苹果、甜瓜、甜橙、荸荠。

清热燥湿类（用于湿热病症）食物：香椿、荞麦。

清热凉血类（用于血热病症）食物：藕、茄子、黑木耳、蕹菜、向日葵子、食盐、芹菜、丝瓜。

清热解毒类（用于热毒病症）食物：绿豆、赤小豆、豌豆、苦瓜、马齿苋、荠菜、南瓜、莱。

清热利咽类（用于内热咽喉肿痛病症）食物：橄榄、罗汉果、荸荠、鸡蛋白。

清热解暑类（用于暑热病症）食物：西瓜、绿豆、赤小豆、绿茶、椰汁。

清化热痰类（用于热痰病症）食物：白萝卜、冬瓜子、荸荠、紫菜、海蜇、海藻、海带、鹿角菜。

温化寒痰类（用于寒痰病症）食物：洋葱、杏子、芥子、生姜、佛手、香橼、桂花、橘皮。

止咳平喘类（用于咳嗽喘息病症）食物：百合、梨、枇杷、落花生、杏仁、白果、乌梅、小白菜。

健脾和胃类（用于脾胃不和病症）食物：南瓜、包心菜、芋头、猪肚、牛奶、芒果、柚、木瓜、栗子、大枣、粳米、糯米、扁豆、玉米、无花果、胡萝卜、山药、白鸭肉、醋、芫荽。

健脾化湿类（用于湿阻脾胃病症）食物：薏苡仁、蚕豆、香椿、大头菜。

驱虫类（用于虫积病症）食物：榧子、大蒜、南瓜子、椰子肉、石榴、醋、乌梅。

消导类（用于食积病症）食物：萝卜、山楂、茶叶、神曲、麦芽、鸡内金、薄荷叶。

温里类（用于里寒病症）食物：辣椒、胡椒、花椒、八角茴香、小茴香、丁香、干姜、蒜、葱、韭菜、刀豆、桂花、羊肉、鸡肉。

祛风湿类（用于风湿病症）食物：樱桃、木瓜、五加皮、薏苡仁、鹌鹑、黄鳝、鸡血。

利尿类（用于小便不利、水肿病症）食物：玉米、赤小豆、黑豆、西瓜、冬瓜、葫芦、白菜、白鸭肉、鲤鱼、鲫鱼。

通便类（用于便秘病症）食物：菠菜、竹笋、番茄、香蕉、蜂蜜。

安神类（用于神经衰弱、失眠病症）食物：莲子、百合、龙眼肉、酸枣仁、小麦、秫米、蘑菇、猪心、石首鱼。

行气类（用于气滞病症）食物：香橼、橙子、柑皮、佛手柑、荞麦、高粱米、刀豆、菠菜、白萝卜、韭菜、茴香菜、大蒜。

活血类（用于血瘀病症）食物：桃仁、油菜、慈姑、茄子、山楂、酒、醋、蚯蚓、蚶肉。

止血类（用于出血病症）食物：黄花菜、栗子、茄子、黑木耳、刺菜、乌梅、香蕉、莴苣、枇杷、藕节、槐花、猪肠。

收涩类（用于滑脱不固病症）食物：石榴、乌梅、芡实、高粱、林檎、莲子、黄鱼、鲇鱼。

平肝类（用于肝阳上亢病症）食物：芹菜、番茄、绿茶。

补气类（用于气虚病症）食物：粳米、糯米、小米、黄米、大麦、山药、莜麦、籼米、马铃薯、大枣、胡萝卜、香菇、豆腐、鸡肉、鹅肉、鹌鹑、牛肉、兔肉、狗肉、青鱼、鲢鱼。

补血类（用于血虚病症）食物：桑葚、荔枝、松子、黑木耳、菠菜、胡萝卜、猪肉、羊肉、牛肝、羊肝、甲鱼、海参、草鱼。

助阳类（用于阳虚病症）食物：枸杞菜、枸杞子、核桃仁、豇豆、韭菜、丁香、刀豆、羊乳、羊肉、狗肉、鹿肉、鸽蛋、雀肉、鳝鱼、海虾、淡菜。

滋阴类（用于阴虚病症）食物：银耳、黑木耳、大白菜、梨、葡萄、桑葚、牛奶、鸡蛋黄、甲鱼、乌贼鱼、猪皮。

6. 地方特色食品

截至 2024 年 6 月 20 日，我国各省（区、市）已累计发布 731 项食品安全地方标准。其中，有 259 项标准因更新迭代而被废止或即将废止，472 项标准处于现行有效状态或即将实施（包括357项产品标准、89项卫生规范以及26项检测与限量标准）。357项产品标准见表2-1。

表2-1　我国食品安全地方标准涉及的地方特色食品

地区	地方特色食品
安徽	代用茶、霍山石斛茎（人工种植）
福建	红曲黄酒、酿造用红曲、连城地瓜干系列产品、铁皮石斛叶、铁皮石斛花、柚子花、土笋冻、灵芝、佛跳墙、金线莲
甘肃	党参、黄芪、肉苁蓉、金银花、兰州牛肉面（煮食型）、苦水玫瑰、浆水酸菜、兰州百合、定西宽粉、当归
广东	汕头牛肉丸、惠州梅菜、橄榄菜、纳豆粉、湿米粉、白木香叶、簕菜及干制品、新会柑皮含茶制品、化橘红胎、鸡蛋花、牛大力干制品、西樵大饼
广西	南宁老友粉、风味橄榄、干制米粉、冻干水果制品、即食桄榔粉、桂林米粉、木薯全粉、沙糕、黄皮酱、调味木瓜制品、金花茶叶茶、留胚大米、食用冻鲜桑蚕蛹、风味黄瓜皮、肉粽、龟苓膏粉、龟苓膏、腌制山黄皮、黑凉粉（干粉）、螺蛳鸭脚煲、甘蔗醋饮料、干制牛大力、铁皮石斛花、红糟酸、甜茶、食品工业用冷冻水果浆（汁）、六堡茶（传统工艺）、柠檬鸭、淮山全粉、代用茶和调味茶、油茶、石崖茶、米血肠、调制水牛乳、灭菌水牛乳、发酵水牛乳、巴氏杀菌水牛乳、生水牛乳、香芋扣肉、茉莉花、金槐米、罗汉果粉、五色糯米饭、红蓝草、杜仲叶、柳州螺蛳粉、广山楂叶、灵芝、铁皮石斛茎（干制品）、粉利、糯蜜柿制品、鲜湿米粉、金花茶花、桂圆肉、葛根粉
贵州	豆沙粑、贵州小米鲊、贵州素辣椒、贵州辣椒面、贵州鲊辣椒、饮用天然泉水、代用茶、贵州辣子鸡、米粉（米皮）、金钗石斛叶（干制品）、金钗石斛花（干制品）、铁皮石斛茎、虾酱酸调味料、独山盐酸菜、铁皮石斛花（干制品）、铁皮石斛叶（干叶）、贵州苕丝糖、鱼酱酸调味料、刺梨原汁、调味面制品、火锅底料、黄粑、米豆腐、饵块粑、香酥辣椒、波波糖、醪糟（甜酒）、方便米粉（粉丝）、皂角米、天麻、米糁、血豆腐、灵芝、酸汤、蕨粑、黄精（干制品）、八月瓜鲜果、鸡枞油
海南	鹧鸪茶、海南黄花梨叶、香露兜叶（粉）、干制牛大力
河北	代用茶、藜麦发糕、干制黄芩叶、干制文冠果叶（花）、干制金莲花、赵州雪花梨果酒、麦苗粉
河南	食用畜禽血制品、代用茶、油茶、方便胡辣汤、花生糕制品
黑龙江	蓝靛果、白桦树汁浓缩液、白桦树汁发酵酒、白桦树汁、龙江小烧酒、越橘、干制黄芪茎叶、干制黄芪花、刺五加叶、偃松籽、山刺玫、草苁蓉
湖北	魔芋膳食纤维、湖北藕汤、富有机硒食品硒含量要求、武汉热干面（方便型）、葛粉、湖北泡藕带、糖桂花调味品
湖南	茯苓、铁皮石斛、猪血丸子
吉林	代用茶、酸菜、葵花盘、食品原料用人参、刺五加鲜叶、桦褐孔菌、蓝靛果
江苏	耳叶牛皮消制品、熟制鸡胚蛋（活珠子）、糯米藕、甜油（调味品）、鸡糕、牛蒡根制品、方便菜肴、盐水鸭、皮肚（膨化猪肉皮）、藕粉圆

续表

地区	地方特色食品
辽宁	即食海参
内蒙古	毕希拉格、奶豆腐、炒米、楚拉、酸酪蛋（奶干）、奶皮子、亚麻籽粉、奶片、奶茶粉、灭菌驼乳、驼乳粉、生驼乳、策格（酸马奶）、嚼克、生马乳、含乳固态成型制品
宁夏	八宝茶、火锅底料、枸杞白兰地、枸杞果酒、超临界二氧化碳萃取枸杞籽油、黑果枸杞、凉皮、羊肉臊子、枸杞原浆、枸杞叶茶、枸杞
青海	沙棘果酒、沙棘果醋（饮料）、茶卡盐、白刺果（干果）、黑果枸杞、藜麦酒、枸杞芽茶、牦牛奶酪、青稞酪馏酒、灭菌牦牛乳、青稞酒、青稞米、蕨麻（干制品）、牦牛生乳、枸杞、青稞麦片、青稞挂面、藜麦饼干、青稞香型白酒、虹鳟鱼（冰鲜、冷冻）、枸杞蜂蜜、青稞面粉、沙棘籽油（超临界二氧化碳萃取法）、枸杞籽油（超临界二氧化碳萃取法）、线辣椒干、固态牦牛乳制品、肉苁蓉、黄芪、党参、青海芫根、青海藏羊肉
山东	金银花（开放花）
山西	连翘叶、翅果仁、流苏花、流苏叶、毛建草代用茶、毛建草
陕西	陕西工夫红茶、平利绞股蓝、榆林羊杂碎、漆籽油、蓝田荞面饸饹、白河光皮木瓜、山阳神仙叶凉粉、秦岭泉茗、佛坪山茱萸、秦巴土蜂蜜、秦岭绿茶、八月炸（八月瓜）、陕西蓼花糖、岐山臊子肉、略阳杜仲叶、子洲黄芪、火锅底料、酸梅粉、蕨根粉制品、汉中炒青茶、元宝枫籽油、凉皮、凉面、泾阳茯茶、洋县黑米酒、魔芋凝胶制品、代用茶
上海	食用干制肉皮、发酵肉制品、青团、调理肉制品、糟卤、现制饮料
四川	松茸及其制品、八月瓜、苦荞茶、麦冬须根、酸菜类调料、火锅底料、花椒油、竹叶粉
西藏	糌粑、风干牛肉、珠芽蓼果实粉、酿造用藏曲、青稞米、芜菁
新疆	馕、调制马乳粉、调制驴乳粉、调制驼乳粉、奶片、发酵乳粉、驴乳粉、巴氏杀菌驴乳、生驴乳、马乳粉、生马乳、驼乳粉、发酵驼乳、巴氏杀菌驼乳、生驼乳、灭菌驼乳
云南	紫皮石斛、食用玫瑰花馅料、干制三七茎叶、干制三七花、乳扇、乳饼、云南小曲清香型白酒、滇味酱、滇味卤腐、滇味豆豉、云腿月饼、滇式月饼、速溶咖啡、鲜花饼、干制铁皮石斛叶、干制铁皮石斛花、三七须根、金线莲、米线、卷粉、饵丝（块）、咖啡果皮、昌宁红茶、葡萄烈酒
浙江	食品工业用柑橘囊胞、现榨果蔬汁、五谷杂粮饮品、干制铁皮石斛叶、干制铁皮石斛花
重庆	怪味胡豆、香辛料油、合川桃片、江津芝麻杆、江津米花糖、食用畜血产品（血旺）、麻花、保鲜花椒、灵芝及其制品、山银花及其制品、重庆小面、火锅底料、麻辣调料、泡菜类调料、泡椒肉制品、老鹰茶

二 大食物来源

（一）大食物来源概况

我国土地资源类型复杂多样，耕地、林地、草地、荒漠、滩涂等均有大面积分布。《2022年中国自然资源统计公报》数据显示，全国共有耕地12 760.1万公顷、园地2 012.8万公顷、林地28 352.7万公顷、湿地2 357.3万公顷、草地26 427.2万公顷（其中天然牧草地21 330万公顷、人工牧草地59万公顷和其他草地5 040万公顷）。此外，我国拥有丰富的水域资源，流域面积50平方公里及以上河流共有45 203条，常年水面面积1平方公里及以上的湖泊有2 865个。海域面积约300万平方公里，海岸线长度约3.2万公里，其中大陆海岸线长1.8万多公里，岛屿岸线长1.4万多公里。

传统认知上的农业生产空间主要局限于耕地，而"大食物观"下的农业生产空间则包含了所有国土资源。当前，我国食物生产来源逐渐多元化，但仍以耕地为主。主要体现为以下4个方面。

1. 我国食物生产能力持续提高，人均食物产量显著增加

2023年，全国粮食总产量为69 541万吨，油料和糖料产量分别为870万吨和11 504万吨，分别比2000年提高50%、31%和51%，蔬菜和水果产量分别近8亿吨和3亿吨，分别比2000年增加80%和120%；肉、蛋、奶类产量分别为9 641万吨、3 563万吨、4 197万吨，水产品产量为7 100万吨，分别比2000年增加60%、63%、400%和92%。人均食物保障水平也明显提高。2023年人均粮食产量493千克，比2000年增加30%；2022年人均水果和蔬菜产量分别为222千克和566千克，分别比2000年增加62%和130%；人均畜禽肉和蛋产量分别为68千克和25千克，分别比2000年增加52%和70%；人均奶类和水产品产量分别为30千克和50千克，分别比2000年增加300%和44%。

2. 食物来源丰富

耕地资源生产了粮食、油料、糖料、蔬菜和瓜类等大部分食物，森林、草原、江河湖海、设施等资源也生产了各种食物。除了牧区和半牧区的草原饲养牲畜外，农区畜禽养殖也是动物性食物的重要来源。

3. 食物中能量、蛋白质、脂肪、碳水化合物占比

按照资源类型分析食物产量折算的能量、蛋白质、脂肪、碳水化合物的占比。结果表明，耕地生产的食物能量占比从 2000 年的 86.3% 下降到 2022 年的 83.5%，蛋白质占比从 74.8% 下降到 72.8%，脂肪占比保持在 45% 左右。耕地是碳水化合物的最重要来源，占比从 2000 年的 96.7% 下降到 2022 年的 93.9%。森林和草原提供的食物营养素占比有所增加，但总体比例仍较低。其中，森林提供食物能量占比从 2.3% 提高到 4.8%，蛋白质占比从 1% 提高到 2.2%，脂肪占比也从 2.8% 提高到 6.6%，碳水化合物占比从 2.7% 提高到 5.2%。草原生产的食物能量占比从 0.2% 提高到 0.4%，蛋白质和脂肪的占比分别从 0.5% 和 0.7% 提高到 1.0% 和 1.2%。水产品在提供能量和脂肪方面的比例较小，均小于 2%，但在蛋白质方面占比为 6% 至 8%。农区畜禽养殖是重要的营养来源，2022 年贡献了 44% 的脂肪、17.6% 的蛋白质和 10% 左右的能量。

4. 食物中微生物和微量元素占比

按照资源类型分析食物产量折算的维生素和微量元素的占比。耕地依然是最重要的营养素来源。2022 年，耕地生产的食物在维生素 B_1、维生素 B_2、维生素 B_5 的占比分别为 87%、72% 和 76%，维生素 C 和维生素 E 的占比分别为 75% 和 83%，维生素 A 的占比相对较低，为 49%，钙和铁的占比高达 74% 和 76%。森林食物提供了大量的维生素 C，其占比从 2000 年的 12% 大幅提高到 2022 年的 23%。草原和水域在提供钙方面的比重相对较高，2022 年分别占 1.7% 和 8.2%。农区畜牧业也提供了相当一部分维生素 A、维生素 B 和微量元素。2022 年，农区畜牧业提供了维生素 A 总量的近 40%，维生素 B_1、维生素 B_2、维生素 B_5 总量的比重分别为 9%、15% 和 14%，钙和铁的比重分别为 12% 和 6%。

（二）耕地食物

1. 耕地食物的开发现状

我国耕地资源紧缺，食物种植结构的多样化程度不足。截至 2022 年底，全国耕地面积约为 12 760.1 万公顷，仅占世界总量的 9%，人均耕地资源仅为 0.09 公顷 / 人，低于世界平均水平的 40%，且耕地质量低。粮食作物占农作物耕地面积的 70%，粮食作物分为谷物、豆类和薯类三大类。

谷物是中国最主要的粮食作物。2022 年，中国谷物播种面积为 9 926.88 万公顷，在全国粮食作物播种面积中所占的比重约为 83.89%，其中玉米、稻谷和小麦三种作物共占 57%。与 2012 年相比，谷物播种面积所占比重下降了 1.05%；谷物产量为 63 324.3 万吨，在全国粮食产量中所占的比重约为 92.24%，与 2012 年相比，下降了 0.31%。

豆类粮食作物播种面积仅次于谷物播种面积，但产量最低。2022 年，中国豆类播种面积为 1 187.79 万公顷，在全国粮食作物播种面积中所占的比重约为 10.04%，其中大豆占 7%。与 2012 年相比，豆类播种面积所占比重增长了 1.81%；豆类作物产量为 2 351 万吨，在全国粮食产量中所占的比重约为 3.42%，与 2012 年相比，增长了 0.68%。

薯类作物播种面积最低，但产量高于豆类作物。2022 年，中国薯类作物播种面积为 718.54 万公顷，在全国粮食作物播种面积中所占的比重约为 6.07%，与 2012 年相比，薯类作物播种面积所占比重下降了 0.77%；薯类作物产量为 2 977.4 万吨，在全国粮食产量中所占的比重约为 4.34%，与 2012 年相比，下降了 0.37%。

我国的耕地集约化利用程度较高，虽然耕地数量不断减少，但通过提高耕地复种指数、增加化肥使用量、发展现代灌溉技术和土壤改良技术、推广机械化耕作等措施，我国实现了高效利用耕地资源，提高了粮食产量和农业产出。从总体上看，我国开发利用耕地取得了明显的成效，但是依然存在以下问题。一是耕地资源减少。导致耕地面积减少的因素主要包括：水灾、泥石流、地震等自然灾害的破坏；为改善生态环境而实施的退耕还林工程；因发展经济和保护生态环境的需要，调整农业结构，将耕地改为林地、草地等其他农业用地；随着经济的发展，工业化和城镇化建设用地占用耕地。目前，建设用地增加是导致耕地面积减少的主要原因。二是耕地质量退化。我国人均耕地少，耕地承载的人口压力大。过度开发利用，使耕地肥力下降。高强度开发导致一些地区的耕地肥力严重透支，也引发了水土流失、地下水严重超采、土壤盐渍化、土地荒漠化等问题。三是耕地污染日益严重。我国土壤环境状况总体不容乐观，部分地区土壤污染较重。抽样调查结果显示，我国近 1/5 的耕地土壤污染物超标，主要污染物为镉、镍、铜、砷、汞、铅、滴滴涕和多环芳烃等。造成土壤污染的主要原因是直接排放工业“三废”，过量使用化肥、农药以及随意堆放与填埋生活垃圾等。

2. 耕地食物的开发潜力

我国耕地资源总量不足、后备资源趋紧、水土资源匹配性弱的硬约束，使拓展食物生产的空间有限。据测算，为满足 2035 年食物消费需求，我国需要 42 亿亩的种植面积。这意味着，今后保障食物安全的国内资源压力进一步加大。为满足国内需求，我国提出了“以我为主、立足国内、确保产能、适度进口、科技支撑”的粮食安全战略。当下，复杂的国际形势进一步加剧了粮食贸易风险。在食物安全与资源承载双目标约束、国际市场与国内市场双循环挑战的背景下，践行“大食物观”关键是向两个方面拓展。一方面，强化科技支撑，深入实施种业振兴，聚焦提高粮食单产，释放耕地潜能；另一方面，在总量不减少、永久基本农田布局基本稳定的前提下，进一步优化耕地资源配置，在合理过渡期内把过去在山上开垦的耕地逐步调整到山下，把山下的果树林木尽量调整为上山上坡，使农业生产空间布局更加符合自然地理格局和农业生产规律，用结构优化释放发展空间。

（三）草原食物

1. 草原食物的开发现状

草原，这片广袤无垠的绿色地带，是畜牧业的重要基地。我国拥有各类天然草原近 4 亿公顷，占世界草原总面积的 13% 以上，占我国国土总面积的比重高达 40.9%。我国草地面积 39.8 亿亩，是耕地面积的 2 倍多，其中天然牧草地约 32 亿亩，人工种草 870 万亩。历经改良和建设，我国广阔草原变成现代大牧场，目前全国草原划分为五大新牧区，包括内蒙古、新疆、甘肃、青海和西藏。

我国各大牧区地域广阔，自然条件各异，适宜于发展多种特色牧业，盛产多种动物蛋白食品和珍贵畜产品，如肉、奶、皮、毛、羊绒以及产量可观的杂粮等。保供给，肉蛋奶总产量连续 8 年稳定在 1.4 亿吨以上，畜禽养殖综合规模化率达到 60.5%；保安全，畜产品抽检合格率达到 98.6%，质量安全水平处于历史最好时期；保生态，全国畜禽粪污综合利用率超过 74%，绿色发展取得突破性进展。2022 年，我国的肉类、蛋品、蔬菜、水果以及水产品的总产量都高居世界第一位，奶类总产量高居世界第三位。其中，牛奶、牛肉和羊肉总产量依次达到 3 932 万吨、718 万吨和 535 万吨。这表明，贯彻“大食物观”，借助生产手段、生产技术和生产组织等方面的显著进步，将促使草原成为动物蛋白食品“肉库奶罐”。

同时，草原生产与生态协同发展面临巨大挑战，饲草不足，尤其是优质饲草缺口大。草地大多处于干旱半干旱的生态脆弱区，利用强度大，但投入低，草地无法得到充分休养生息，约 90% 的草原出现不同程度的退化，生产力不断下降。全国平均产草量较 20 世纪 60 年代初下降了 1/3～2/3，草地生产力偏低，单位面积草地畜产品产量仅为澳大利亚的 1/10、美国的 1/20、新西兰的 1/8。草原退化导致土壤中种子库存减少、微生物多样性减少和土壤养分流失，牧草质量变差。天然草原现存水平生产的饲草无法满足草食畜牧业高质量发展的需求。目前，主要通过天然放牧、饲喂秸秆等农副资源、增加谷物饲料比重和从国外进口饲草等途径来填补饲草缺口。据海关统计，2022 年中国进口干草 194 万吨，进口金额为 9.91 亿美元。

2. 草原食物的开发潜力

2022 年，农业农村部印发了《“十四五”全国饲草产业发展规划》，提出要确保牛羊肉和奶源自给率分别保持在 85% 左右和 70% 以上的目标，对优质饲草的需求总量超过 1.2 亿吨，有近 5 000 万吨的缺口。改良天然草原和建设人工牧草地是保障优质饲草安全供给的重要措施。中国农业大学国家农业科技战略研究院的报告建议，要通过加快退化天然草地的改良利用、推动重度沙盐碱化草原的合理利用和加强南方草山草坡的开发利用等途径，启动退化草原区域化规模化补播改良工程、高标准改良草场建设项目，并因地制宜在沙化和盐碱草地建设高标准饲草料地，加大对南方草山草坡开发建设的政策支持，这样可以大幅提高牧草产量和品质，增加优质干草供给，支持畜牧业发展。综合测算表明，通过对草原食物资源的深入开发，可增加 3 745 万吨饲草供应，满足饲养 4 889 万只羊和 150 万头奶牛的饲草需求，进而增加牛羊肉产量 147 万吨、奶类产量 1 200 万吨。

（四）森林食物

1. 森林食物的开发现状

森林是陆地生态系统的主体，是巨大的绿色宝库和食物资源库。森林食品被公认为人类第四大食物来源，它是以在森林生态环境下生长的动植物和微生物为原料，遵循动植物和微生物自然生长规律生产加工，无人工合成添加物的食品。2023 年度全国国土调查表明，我国林地面积 2.84 亿公顷，森林面积 2.31 亿公顷，森林中木本植物 8 000 多种，具有食物生产功能的树种超过 500 多种。

森林食物种类丰富且增长较快。森林食物主要有水果、干果、木本油、笋和食用菌等。据国家林草局统计，2022 年全国林下经济经营和利用林地面积已超过 4 000 万公顷，经济林水果产量达到 1.76 亿吨，比 2005 年增加了 1.1 倍，年均增长率为 4.6%。干果产量从 2005 年的 350 万吨增加至 2022 年的 1 281 万吨，增加了 2.7 倍。木本油料主要包括油茶籽、核桃、油橄榄和油用牡丹籽等，2022 年产量为 934 万吨，比 2007 年增加 4.9 倍，年均增长达到 12.5%。2022 年其他森林食物 801 万吨，其中竹笋干、食用菌和山野菜的产量分别为 473 万吨、231 万吨和 40 万吨。另外，2022 年，食用与药用花卉的种植面积为 31.5 万公顷，产量和产值分别达 49.5 万吨和 176.7 亿元。

森林食物生产面临周期长、粗放经营、集约化经营程度低、产量不高且波动幅度大等挑战。森林食物良种选育周期长，研发成本高，且具有很强的外部性，投资回报率低。森林食物生产机械化程度低、劳动力成本高和管控不到位等，导致森林食物生产效率低，且产量不稳定。森林食物的加工与销售也面临科技支撑不足、产业链尚未完全贯通、产品附加值不高和市场价格低等问题。目前森林食物原料加工基地与林产品加工企业的有效衔接不足，保鲜仓储设施有待完善，产品深加工率较低，尚未形成成熟的经营模式和稳定的销售渠道，国内消费者对于原生态、无污染、健康营养的森林食物消费认知不足，市场价格未能充分体现产品价值。

2. 森林食物的开发潜力

目前森林食物在面积扩大、单产提高和市场开拓等方面均存在一定发展潜力。第三次全国国土调查数据表明，中国现有 15° 坡度及以上的耕地 1 194 万公顷，可纳入退耕还林范围用于发展森林食物。针对森林食物单产较低且波动幅度大的问题可通过采用良种、良技、良法，培育优良适生品种、改进种植技术、实施精细化等方式进行改善。以油茶为例，油茶平均亩产鲜果 306.9 千克（折算平均亩产油茶 20.4 千克），低产油茶林的亩产鲜果甚至不足 150 千克，而且波动性大，采用良种良技良法经营的高产油茶林亩产鲜果达 1 000 千克以上。国家林业和草原局发布的《林草产业发展规划（2021—2025）》提出，到 2025 年全国油茶产量将达到 200 万吨，约占国产植物油产量的 12%。这将相当于每年节约用于草本油料植物种植的耕地 1 000 万亩。此外，林下经济在食物供给方面也具有巨大潜力，因地制宜地发展林药、林菌、林花、林菜、林果、林茶、林草等林下种植，以及林禽、林畜、林渔、林蛙、林蜂等林下养殖。2022 年，林下经济产值高达 7 360 亿元，到 2025 年，林下经济经营和利用总面积达 6.5 亿亩，林下经济总产值稳定在 1 万亿元以上，国家林下经济示范基地达 800 个。

（五）江河湖海食物

1. 江河湖海食物的开发现状

江河湖海是地球上最大的淡水和海水生态系统，蕴藏着丰富的水生生物资源。这些资源不仅是人类食物的重要来源之一，也是维持海洋生态平衡和生物多样性的关键因素。

作为世界渔业大国里首个实现养殖产量超过捕捞业的国家，我国内陆河流、湖泊、水库和坑塘等水域滩涂面积 5.5 亿亩，适宜开展养殖生产的内陆水面面积约 1 亿亩，宜渔水域面积广阔。“渔业领域践行大食物观有基础、有优势，潜力巨大。

目前，池塘养殖、近海养殖以及天然捕捞是我国水产品保供的基本盘。2023 年，我国全年水产品总产量达 7 100 万吨，比上年增长 3.4%，其中，养殖产量占比达 81.9%。看人均，水产品人均占有量超过 48 千克；看品种，水产养殖种类达 300 种以上，涵盖鱼、虾、蟹、贝、藻等各类水产品种。

截至 2022 年，我国工厂化水产养殖水体达 1 亿多立方米。全国先后发展各类水产苗种繁育主体 2 万余家，国家级水产原良种场数量达到 101 家，实现鱼虾蟹贝藻鳖参全覆盖。2022 年，全国深远海养殖产量达 39.3 万吨，占海水鱼类养殖产量的两成以上。沿海各地培育出大黄鱼“甬岱 1 号”“富发 1 号”和金鲳“晨海 1 号”等适合深远海养殖的新品种。去年，我国首艘南极磷虾捕捞加工船“深蓝号”正式入渔南极。

截至 2023 年底，全国共创建水产健康养殖和生态养殖示范区 289 个，面积 2 927 万亩，建立了适应本地特色的生态健康养殖模式和优质养殖水产品质量安全保障体系。我国统筹渔业发展补助资金 3.9 亿元，支持 39 个国家级海洋牧场示范区建设，目前已建成海洋牧场 300 多个。

江河湖海为居民提供的水产品产量增长迅速。2022 年，全国水产品总产量达 6 866 万吨。鱼类产量 3 868 万吨，比 2000 年增加了 1 051 万吨，其中淡水鱼产量从 2000 年的 1 794 万吨增加至 2022 年的 2 800 万吨。2000—2022 年期间，虾蟹类产量从 436 万吨增加至 866 万吨，其中，淡水虾蟹类产量从 139 万吨增加至 248 万吨，海水虾蟹类产量从 297 万吨增加至 394 万吨。贝类和藻类产品主要是海水养殖生产，分别从 2000 年的 996 万吨和 120 万吨增加至 2022 年的 1 638 万吨和 273 万吨。养殖是重要的水产品来源。2022 年，海水养殖产量为 2 276 万吨，淡水养殖为 3 290 万吨，分别占水产养殖总产量的 41% 和 59%，共占水产品总量的 81%。

按水域看，淡水池塘养殖占比最大，占总产量的 40% 以上；海上养殖和滩涂养殖位居其次，分别占总产量的 20% 和 10% 以上。其中稻田养殖的单产和面积都增加迅速，产量增速最快，2022 年较 2021 年增加了 2 倍，产量占比不断提高，2022 年达到 7%。相比之下，湖泊养殖面积大幅缩小，产量大幅下降，2022 年较 2010 年产量下降 46.1%。水产养殖产量增长得益于设施渔业的发展。2021 年，设施渔业产量占水产养殖总产量的 52%。筏式养殖和底播养殖对海水水产品产量的贡献最大，2022 年这两种养殖方式的产量分别占海水养殖总产量的 30.0% 和 24.7%。淡水养殖方式在 2015—2022 年间发生较大变化。其中，围栏和网箱养殖产量大幅降低，工厂化养殖产量有所增加。这主要是由于不同养殖方式面积的调整。2022 年工厂化养殖面积较 2015 年增加 81.4%。

禁止捕捞和环境污染等制约了水产业的可持续发展。不合理的集约化养殖方式对环境造成了负面影响。水产设施养殖中，池塘与传统网箱等设备老旧的问题普遍存在，水产养殖尾水处理率低，导致水体富营养化问题突出。超环境容量的渔业养殖给大水面生态系统造成了不可逆的影响。此外，为保障生态环境，许多江河湖海的捕捞和养殖做出了限捕、禁捕等规定，这些政策在一定程度上也制约了水产养殖业的发展。

2. 江河湖海食物资源潜力

中国的水面资源仍然具有巨大的开发利用潜力。随着生活水平的提高，居民对水产品的消费需求不断增长，未来水产品产量的增加将主要依赖于养殖业的发展。

一是水产养殖业的绿色转型。在科技的助力下，水产养殖业正经历着一场绿色转型。据专家预测，随着养殖技术的不断进步和环保意识的提高，未来水产养殖业将成为我国食物生产的重要支柱之一。尤其是工厂化养殖和稻田养殖。稻渔综合种养是典型的生态循环农业模式，面积和单产均明显提升。此外，近海水产养殖环境逐步改善，深海养殖空间逐步拓展，设施渔业养殖的潜力巨大。设施水产养殖的单产比传统养殖业高出 70%。这种高效养殖方式将为未来水产品产量的提升提供重要支撑。

二是捕捞业的可持续发展。在保护水生生物资源的前提下，合理开发海洋和内陆水域的捕捞资源是实现捕捞业可持续发展的关键。通过建立渔业保护区、实施捕捞限额制度等措施，保障了水生生物资源的可持续利用。同时，加强渔业科技创新和装备升级工作，提高了捕捞效率和安全性。

三是海洋牧场的兴起。海洋牧场作为一种新型的海洋资源开发模式，正逐渐成为未来海洋渔业发展的重要方向。通过人工放流、增殖放流等方式恢复和增加海洋生物资源量，海洋牧场不仅提供了丰富的水产品资源还改善了海洋生态环境促进了渔业可持续发展。相关数据显示，我国已建成多个海洋牧场示范区，且取得了显著的生态效益和经济效益。

（六）设施食物

1. 设施食物的开发现状

设施农业作为现代农业的重要组成部分，正以其独特的魅力改变着我们的食物生产方式。向设施农业要食物就是要利用先进的科技手段创造适宜的生长环境实现农作物的周年生产和高效利用。

一是发展规模大。党的十八大以来，我国设施农业在诸多政策引导下得到快速发育。数据显示，我国仅设施园艺作物面积就超过 4 200 万亩，占世界设施农业总面积的 80% 以上。在设施类型上，我国设施农业目前以日光温室、塑料大棚和中小拱棚为主，具有投资较少、节能节本的明显优势。在种植结构上，蔬菜（含食用菌）占据了设施总面积的八成，其余主要是果树和花卉，为每个国人贡献了接近 200 千克的蔬菜和超过 30 千克的瓜果。

二是生产效率高。设施农业具有集约、高效的特点，设施农业的亩均收益是大田作物的 20 倍以上、露地园艺作物的 4～5 倍。以设施黄瓜为例，其亩量、产值、利润分别是露地黄瓜的 1.67 倍、2.24 倍和 2.86 倍；设施茄子亩产量、产值、利润分别是露地茄子的 1.13 倍、2.36 倍和 3.05 倍。从资源节约利用的角度来看，设施农业的高产效应可节省优质用地 3 000 万亩以上。据估算，我国设施园艺产业产值超过 1.4 万亿元，占园艺总产值 2/5 以上，占农业总产值 1/4 以上，占农牧渔业总产值 1/8 以上，用不足 3% 的耕地，生产出种植业总产值 25.3% 的产品。此外，由于采取集约化生产，设施农业在节水、节能、节肥、节药等方面也具有显著优势，生态效益明显。

三是应用场景越来越丰富。设施农业越来越多地应用于水产、畜禽养殖领域。在水产养殖方面，近年来我国在大型桁架类网箱和养殖工船两类养殖设施装备上发展势头迅猛，通过发展深远海养殖，拓展了“海上粮仓”。例如我国 2022 年建成投产的“国信 1 号”养殖工船总长约 250 米，养殖水体 8 万立方米，设计产量 3 200 吨，仅此一艘船就相当于半个查干湖的年捕捞量。在畜禽养殖方面，一些养殖企业积极探索“楼房养猪”。例如，一座 4 层的楼房猪场占地约为 90 亩，可容纳 5 000 头母猪，如果按照常规平房养猪的建设方式，需要 400 亩以上的土地，楼房养猪可节约 80%～90%

的土地。

四是现代设施农业的发展总量不足且质量不高。尽管设施种植业具备一定规模，但中小拱棚和塑料大棚等占据了70%以上的面积。设施农业的设备和管护成本较高，面临技术开发和升级的难题。此外，设施农业对环境也产生了一定影响。例如，设施农业能耗高，温室气体排放增加，设施种植作物品种单一、连作障碍严重，化肥和农药用量偏大等问题依然存在。

2. 设施农业食物开发潜力

《全国设施农业建设规划（2023—2030）》指出，未来利用非耕地发展设施农业的规模将稳步扩大，菜肉蛋奶等主要设施农产品产能进一步提升。到2030年，设施蔬菜产量将占蔬菜总产量的40%，畜牧养殖规模化率将达到83%，设施渔业养殖水产品产量将占养殖总产量的60%。此外，设施农业绿色发展将全面推进。设施种植中农药化肥的利用效率进一步提高，节水灌溉技术将全面普及，水肥一体化的应用率将显著提升。畜禽规模养殖场的粪污处理设施装备配套率将达到100%，种养结合、农牧循环等绿色循环发展新模式将进一步推广。农业节能减排成效也将显现，设施农业中的新能源应用将加快推进。

未来要从设施装备、品种多元和产业集聚三个维度发力，充分挖掘设施农业增产潜能。一是设施装备现代化。利用大数据、人工智能、物联网等现代信息技术，改造提升现有种植养殖设施，新建智能温室、新型保暖大棚等节能节地环保设施，建设植物工厂、数字牧场、智慧渔场，提升设施产品供给能力。二是设施品种多样化。依托作物良种生产基地，因地制宜培育设施蔬菜、瓜果、食用菌等特色品种，加大适宜设施栽培的品种开发和保护力度，不断丰富设施品种类型。三是推进产业集群化。按不同农业生态类型、产业基础条件、产品市场需求，合理规划设施农业发展布局，建成一批产业集群发展、先进要素集聚、产业链条完整、供给能力强劲的现代设施农业产业带。探索利用戈壁、荒漠等非耕地资源，发展戈壁农业，丰富农业业态，拓展产业空间。

第三章

湛江动科园践行案例

一 园区建设情况

（一）园区简介

湛江动科特色农业博览园，位于湛江市麻章区湖秀新村，占地面积 300 亩，始建于 2015 年，由中国热带农业科学院湛江实验站开发管理。

园区遵循“大农业 + 大食物 + 大健康 + 大科技”发展理念，以展现热带休闲农业、草畜农业、循环农业、轮作农业、旱作农业、健康农业、林下农业、水体农业、设施农业、园林农业等 10 种类型现代农业为主题，以展示热带养殖动物等 300 余种新品种、新技术、新产品、新模式为核心，以精心开发“大农业”研学产品、科学开展“大食物”科普主题、传承弘扬“大健康”传统文化和丰富发展“大科技”时代成果为特色，旨在打造一座集科研试验、健康养殖、生态示范、科普教育、研学体验、休闲旅游、文化交流于一体的人与自然，动物、植物、微生物和谐共生的国家热带大食物观农业博览园，成为新时代中国热带农业科学院养殖科学展示窗口、湛江市农业科普靓丽名片和广东省乡村振兴样板工程。

湛江动科特色农业博览园

（二）园区规划

1. 湛江动科园发展定位

根据湛江动科特色农业博览园区位和现状分析，基于中国热带农业科学院湛江实验站所具备的科研力量和经济条件，以及城市发展对园区的功能需求，按照机构的职责使命，在尊重现状和保护生态的基础上，融入地区自然与文化特色，以满足国家和区域需求，实现多种功能和价值为目的，遵循“大农业＋大食物＋大健康＋大科技”发展理念，确定了“国家热带大食物观农业博览园”的发展定位，旨在将园区打造成为国家热带“大科技”科研殿堂、广东热带“大食物”实践基地、热区热带“大农业”交流中心和湛江热带“大健康”特色展馆。

2. 湛江动科园发展目标

在湛江动科特色农业博览园现有定位的基础上，科学制定园区发展目标，重点突出植物、动物和微生物资源的系统性收集与高效利用，丰富科普形式与内容，并融合地方历史民俗文化展示，全面体现国家热带大食物观农业博览园的多元化价值，为后续规划建设提供方向性指导。

湛江动科特色农业博览园总体发展目标：建设成为一座集科研试验、健康养殖、生态示范、科普教育、研学体验、休闲旅游、文化交流于一体的人与自然和谐共生的国家热带大食物观农业博览园，成为新时代中国热带农业科学院养殖科学展示窗口、湛江市农业科普亮丽名片和广东省乡村振兴样板工程。

湛江动科特色农业博览园全景设计图

3. 湛江动科园规划理念

湛江动科特色农业博览园立足世情国情科情农情，遵循农业科技博览园规划基本理念，开展园区农科旅融合发展的规划建设，打造具有科学内涵、多样资源、艺术风貌、文化底蕴、科普主题、游憩空间、使命担当和持续治理的园区，努力促进科学与艺术融合、文化与景观统一、研究与示范并重、启智与体验兼顾。

（1）坚持科学内涵。

湛江动科特色农业博览园以塑造有个性的“大食物观”专类园为方向，结构框架按照科学系统的“大食物观”分类系统，从大食物消费、食物来源、食物供给和食物安全四个方面科学内涵着手为热带大农业科研服务，为收集、培育、保护的植物、动物和微生物创造生境空间，将科技内涵渗透到园区景观中。

（2）展现多样资源。

湛江动科特色农业博览园以热带区域重要的养殖动物和饲料作物、岭南中草药引种保育为基础，以物种多样性有效保育为关键技术手段，以科学评价资源的功能研究为目标导向，以植物、动物和微生物资源合理利用研发为战略重点，形成丰富的生物群落生境，展现生物多样性。

（3）彰显艺术风貌。

湛江动科特色农业博览园以塑造时代风貌、传达思想情感为重点，突出启迪人心、传播文明，园地设计和布局按景观科学配置，引进动物雕塑、园林树木、增加大棚展示、艺术创作场景布置等，展示千姿百态的热带植物、动物和微生物特征的观赏性、奇特性、展示性和雅致性，感受艺术美的力量。

（4）感受文化底蕴。

湛江动科特色农业博览园以传承弘扬“大健康”传统文化为特色，注重利用植物和动物的文化内涵营造文化意境，选择具有代表性的十二生肖、五谷丰登、六畜兴旺等中国文化配置；注重文化环境给园区带来的影响，相对应地增加特色文化与意境的表达；注重文化的挖掘与创新，通过对文化象征的提炼、糅合、创新，促进园区“大健康”文化宣传和品牌建设。

（5）展示科普主题。

湛江动科特色农业博览园以科学开展“大食物”科普活动为主题，结合开展科研试验的热带特色畜禽、热带水生生物、热带饲料作物、热带林下经济等农业动物科学领域开发研究，突出“大食物”新品种、新技术、新产品、新模式，传递“大食物”知识和信息，加强社会公众互动参与，普及“大食物”知识、宣传“大食物”价值和功用。

（6）体验游憩空间。

湛江动科特色农业博览园以精心开发“大农业”研学产品为重点，满足不同年龄、不同兴趣、不同背景的游客对“大农业”和科技体验场所的需求，创新游憩功能，寓教于乐、寓学于乐、寓知识于乐，提升科技认知，引导求新知识，为生活在都市的人群提供自然清新的环境和空间。

（7）体现使命担当。

湛江动科特色农业博览园以丰富发展“大科技”时代成果为职责，引领带动热区养殖农业经济，促进地方技术流、信息流的汇聚，持续促进热带农业动物科学全链条技术实验、集成创新、示范推广和科技服务，为保障我国热区多元化食物和绿色健康养殖产品供给体系提供战略科技支撑，助推地方乡村振兴和产业升级，促进物种和知识国际交流与合作。

（8）实现持续治理。

湛江动科特色农业博览园遵循绿色规划原则，以“和谐、生态、绿色、共享”为目标，打造人与自然和谐共生园区。按照“尊重自然、顺应自然、保护自然”“绿水青山就是金山银山”理念，对“生产、生活、生态”“资源、生态、环境”等进行统筹兼顾、整体施策，既能为科普服务，也能为科研服务，全局谋划、整体推进国家热带大食物观农业博览园建设。

4. 湛江动科园功能布局

在对湛江动科特色农业博览园资源现状进行梳理改造的基础上，结合园区功能定位和发展理念，对地形、水系、基地与场馆等进行合理规划布局，构建“一园、两地、三物、四新、十区”的总体格局。

“一园”：指国家热带大食物观农业博览园，是园区对外核心定位。

“两地”：指中国热带农业科学院大农业科研试验基地、热带大食物观农业科普教育基地，是园区重点展示窗口。

“三物”：指热带植物、热带动物和热带微生物，是园区主体展示对象。

“四新”：指热带“大食物”相关的新品种、新技术、新产品、新模式，是园区核心展示内容。

“十区”：指热带休闲农业展区、热带草畜农业展区、热带循环农业展区、热带轮作农业展区、热带旱作农业展区、热带健康农业展区、热带林下农业展区、热带水体农业展区、热带设施农业展区、热带园林农业展区，是园区基本功能分区。

（三）园区景观

1. 热带休闲农业展区

热带休闲农业是以园区六畜兴旺、十二生肖、年年有余、乡村动物、萌虫动物、休闲小品为主题，开发农业养殖动物多种功能的新型农业产业形态。本展区主要提供

20 多种动物展示、景观欣赏、游乐互动、户外游憩、农事活动、科普教育和研学体验等服务活动，供游人和学生了解乡土农事，领略农技工作，享受人与动物、人与自然和谐共生情趣，促进养殖动物科研成果转化应用，加快一二三产融合发展。

热带休闲农业展区

2. 热带草畜农业展区

热带草畜农业是以园区饲草和草食动物为载体，发挥南方水热资源优势，发展优质饲草，提供营养饲料，减少畜牧业发展对粮食依赖的新型农业形态。本展区主要开展“黑山羊草畜一体化循环养殖”“林（玉米）- 草 - 鹅生态养殖”等近 10 种新模式推广，优质饲草高产栽培、饲草料加工与营养调控等 10 多种新技术、新产品试验示范，有效支撑我国热区粮经饲统筹发展，保障粮食安全。

热带草畜农业展区

3. 热带循环农业展区

热带循环农业是利用物种多样化微生物科技在农林牧副渔多模块间形成整体生态

链，实现种、养、加、产、供、销整体生态良性循环的综合经营方式。本展区主要集成“秸秆－青贮饲料－养殖业”等秸秆资源化利用技术、“畜粪无害化处理”等农业废弃物循环利用技术、“沼液水肥一体化施肥”等10多种资源减量化技术，打造多层次循环农业生态系统，促进热带农业可持续发展。

热带循环农业展区

4. 热带轮作农业展区

热带轮作农业是在克服热带作物连作障碍、增强土地肥力基础上，在园区同一田块上在季节间和年度间轮换种植不同作物或复种组合的种植方式。本展区主要开展禾谷类轮作、禾草轮作、粮食与经济作物轮作、水旱轮作、草田轮作等20多个新品种、新模式的试验示范，探索南方病虫草害防治、均衡利用土壤养分、改善土壤结构等新技术，促进热带农业可持续发展。

热带轮作农业展区

5. 热带旱作农业展区

热带旱作农业是在季节性干旱、易旱热带园地采取节水技术措施来发展旱生、抗旱及耐旱的农作物的栽培制度。本展区主要开展木薯、花生、玉米、马铃薯、红薯等20多种饲料作物及甘蔗、菠萝等20多种水果作物的试验示范，探索南方坡地水土保持、耕地保育、土壤改良、智能灌溉、间混套种、覆盖农作、保墒固碳等水土资源高效利用新技术、新模式，推进热带农业绿色高效发展。

热带旱作农业展区

6. 热带健康农业展区

热带健康农业是以大农业为基础、大健康为主题，是热带农业植入健康、健康赋能农业的新型农业形态。本展区以斑兰叶、高良姜、阳春砂仁、桑树等20多种药食同源产品及"三品一标"农产品为主要研究对象，树立"植物生长 - 人和动物转化 - 微生物循环"的"三物农业"观念，践行"两养"（养生、养心）、"三生"（生产、生活、生态）内涵，为社会提供安全、健康、营养、优质的食品和饲料。

热带健康农业展区

7. 热带林下农业展区

热带林下农业是以植物、动物、微生物的特性及生长环境各异的特点，充分利用园区土地空间，实行种植、养殖等多层次、多级利用的综合农业生产方式。本展区主要开展橡胶树林下套种砂仁、五指毛桃、益智等近 20 种南药，林下间种斑兰叶、糯米香茶等近 10 种热带香料作物，混种 30 多种花卉苗木，复种 10 多种牧草，轮养鸡鹅等种植养殖模式试验示范，实现高产、高效、节能、环保。

热带林下农业展区

8. 热带水体农业展区

热带水体农业是以园区水塘、水沟和滩涂为载体，实行种养加相结合，多层次、全方位立体开发综合利用水体资源的一种生态型集约化的新型农业。本展区主要以“四水”即热带水产、水禽、水生蔬菜和水藻为对象，展示水生生物新品种健康养殖、疫病绿色防控近 10 种新技术，以及“稻鳖鱼鸭复合共生”“鱼菜共生”“益生菌 + 循环水”健康养殖模式等近 10 种新模式，促进生态效益，提高养殖业经济效益。

热带水体农业展区

9. 热带设施农业展区

热带设施农业是以园区环境安全型温室、畜禽舍为载体，采用人工技术手段，改变热带自然光温条件，创造优化动植物生长的环境因子，使之能够高效生产的一种现代农业方式。本展区主要开展天然橡胶、斑兰叶等温室工厂化育苗，黑山羊、麒麟鸡等畜禽工厂化集约养殖等近 20 种新技术、新装备试验示范，增强对环境的调控能力和自然灾害的抗御能力，提高产量和生产效率，降低人力成本。

热带设施农业展区

10. 热带园林农业展区

热带园林农业是以园区园林绿化苗圃为基础，把农业与园林相结合，形成园林化的农业，农业化的园林。本展区主要展示农业园林中珍、奇、特、名、优、稀的外来品种，以及观赏性、生态性、文化性和经济性优良的 40 多种乡土品种，开展观花、观果、观叶、闻香、品味等服务活动，满足人们对园林景观的欣赏需求，推广园林园艺种植技术成果，使农业的经济效益得到更好的发挥。

热带园林农业展区

二 园区发展模式

（一） 发展模式概况

湛江动科特色农业博览园原为中国热带农业科学院湛江实验站综合科研试验基地，位于湛江市麻章区湖秀新村，占地面积300亩，始建于2015年。2022年，中国热带农业科学院湛江实验站基于国家树立“大食物观”，保障粮食安全，更好满足人民日益增长的美好生活需要的大背景，对湛江动科特色农业博览园开展全方位规划改造和开发管理，并形成了独具特色的“科研+科普+转化”三位一体“大食物观”博览园发展模式，成为新时代中国热带农业科学院养殖科学展示窗口、湛江市农业科普亮丽名片和广东省乡村振兴样板工程。

1. 探索园区发展模式

湛江动科特色农业博览园遵循“大农业+大食物+大健康+大科技”发展理念，在原300亩综合科研试验基地基础上，探索一条热带农业“科研+科普+转化”三位一体深度融合的“大食物观”博览园发展模式。

科研以开展热带粮经饲统筹、农林牧渔结合、种养加一体为方向的养殖农业研究应用，提高我国热带“大食物观”自主创新能力，支撑“大食物观”成果转化，提升“大食物观”科普内涵；科普以新品种、新技术、新产品、新模式科技资源为主体，传播推广热带“大食物观”的科学知识和创新成果，助推“大食物观”成果转化，提升“大食物观”科技软实力；转化以综合科研试验基地和成果转移转化平台为支撑，促进热带“大食物观”科技资源开发利用，引领热带“大食物观”科学研究，增强“大食物观”科普载体。从而构建起科研、转化、科普“三位一体”融合发展模式，促进“科技、平台、资源三融合”，实现社会效益与经济效益的同步提升，形成国家热带“大食物观”科学展示窗口，为我国科学践行“大食物观”提供典型示范。

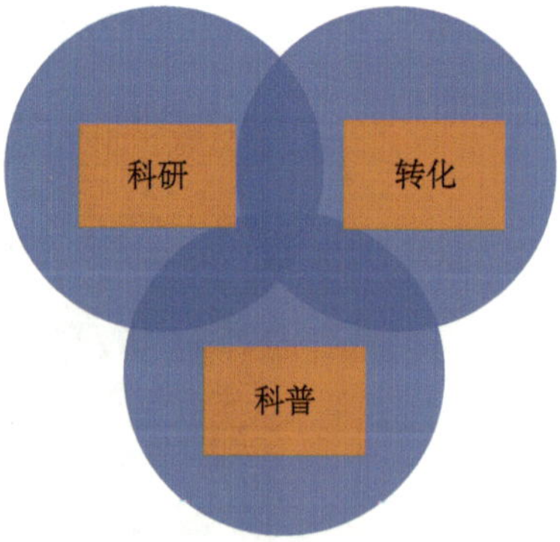

“三位一体”融合发展模式

2. 构建园区运行机制

湛江动科特色农业博览园以构建高效、有序、良性运行机制为突破口，建立起园区“六强化六完善”运行机制，充分激发园区内生动力和发展活力。

（1）强化基础设施建设，完善统筹保障机制。

加快湛江动科特色农业博览园“大食物观”科技展馆和基地基础设施建设改造，深入开展“大食物观”科研试验和科普教育基地创建活动，丰富园区的科学内涵。

（2）强化服务能力提升，完善组织协调机制。

提升湛江动科特色农业博览园“大食物观”创新能力、扩散能力、转化能力和科普能力，实施科技服务“大食物观”乡村振兴行动和示范科普活动，增强园区的使命担当。

（3）强化科技资源助力，完善资源整合机制。

加强湛江动科特色农业博览园支撑“大食物观”学术研究及科普教育资源的研发，保障和满足科普教育、科技展示、科研交流及公共服务等多方面需求，促进特色科普产业发展。

（4）强化服务规范建设，完善标准运作机制。

加强湛江动科特色农业博览园科普教育服务规范建设，制定科普活动的标准和完整的实施流程，提升服务质量，增强公众的活动体验感与满意度，促进园区的可持续发展。

（5）强化队伍能力建设，完善激活激励机制。

加大湛江动科特色农业博览园“大食物观”科研、转化、科普队伍建设力度，不断增强组织能力、专业能力和实践能力，努力成为推动“大食物观”工作的“行家里手”。

（6）强化对外交流合作，完善扩大影响机制。

加强湛江动科特色农业博览园合作平台搭建，积极融入热带植物园创新联盟，通过交换信息、共享资源、合作运营、共同研发等方式，促进多元主体间的交流互动，做大做强“农业科研＋科普教育”的产业链。

（二）园区科普活动

湛江动科特色农业博览园作为全国热带作物科普基地，致力于打造热带“大食物观”科普教育基地，探索科学践行“大食物观”，以期为我国“大农业＋大食物＋大健康＋大科技”提供示范，为守护百姓舌尖幸福作贡献，以更好践行科技服务“雷琼”两地和农业强国的责任与担当，促进新时期大农业高质量发展。

“大食物观”科普活动

1. 园区科普工作做法

（1）健全科普工作组织。

构建湛江动科特色农业科技博览园科普工作机制，加强科普工作组织领导，成立以站长为组长，分管副站长为副组长，办公室、科技办、产业发展部具体负责人为成员的湛江实验站科普工作领导小组。湛江动科园科普工作具体管理工作由产业发展部负责。

（2）强化科普制度建设。

制定发布了《中国热带农业科学院湛江实验站科普工作管理办法》《中国热带农业科学院湛江实验站科普教育基地管理制度》《湛江动科特色农业博览园科普工作规划》《湛江动科特色农业博览园科普服务规范》等，促进科普开放、接待等工作管理制度化，明确科普服务宗旨、科普工作职责和任务，为园区发展提供良好支撑。

（3）加强科普设施建设。

充分利用单位科研基础设施，建设科普展示厅和相对固定的科普活动场所，打造“大食物观”科教展台，展现热带休闲农业、草畜农业、循环农业、轮作农业、旱作农业、健康农业、林下农业、水体农业、设施农业、园林农业 10 种类型现代农业为主题的特色农业展区，丰富园区“大食物观”科普展品及内涵。

（4）深挖科普核心主题。

遵循“大农业观”和“大食物观”，突出人与自然和谐共生主题，依托科研力量和优质资源，以促进粮经饲统筹、农林牧副渔结合、种养加一体化、产供销一条龙、一二三产融合发展新模式、新业态、新文化为特色，做大做强“农业科研 + 科普教育”的产业链。

（5）加大科普产品开发。

结合园区特色，做好科普资源产品的设计开发，以展示热带饲料作物、养殖动物等 300 种新品种、新技术、新产品为核心，重点传播六畜兴旺、十二生肖、水产养殖等特色文化。积极参加中国热带作物学会组织的科普活动，并组织开展特色科普活动，弘扬科学精神，普及科学知识，传播科学思想，倡导科学方法。

（6）丰富科普活动形式。

开展科技体验活动、休闲游览活动、科普研学活动、实习实践活动、学术交流活动和特色主题活动等 6 类科普活动。运用科普宣传挂图、图书、展板、音像制品、宣传册、科普报告、展品、网站等多种媒介，采用参观、实践、讲座、培训、竞赛等多种方式，组织开展社会性、群众性、经常性特色科普活动。

（7）完善科普配套服务。

加大科普经费投入，不断完善内部交通、标识标牌、游览讲解、水电网络、园林绿化、卫生环保等配套科普教育设施，健全园区科普教育、市场营销、经营管理、接待讲解、安全保障等服务质量体系，为公众创造舒心、安全环境。

（8）提高科普服务水平。

建立以科普工作团队为主，科普志愿者兼职相结合的科普工作队伍；加强园区经营管理和服务质量提升培训，打造专业的园区管理团队；将科普人员科普教育工作成效纳入本单位个人绩效考评或表彰奖励范围。推进科普信息化工作，运用科普中国 App、网站、微信等多样化新媒体传播方式，建立视频、线上会议等多种信息化科普平台，不断提升科普服务水平。

2. 园区科普活动案例

（1）2024 年科学践行“大食物观”科普活动启动仪式。

2024 年 5 月 29 日，在科技部、中宣办、全国科协隆重举行全国科技活动周之际，为落实习近平总书记关于“大食物观”的重要论述，大力弘扬科学家精神，由中国热带农业科学院、中国热带作物学会、湛江市科学技术局主办，中国热带农业科学院湛江实验站、中国热带作物学会科技成果转化工作委员会承办的 2024 年科学践行“大食物观”科普活动启动仪式在湛江动科特色农业博览园成功举办。湛江市科技局副局长张雪琦出席并致辞，中国热带农业科学院湛江实验站站长欧阳欢出席并讲话，启动仪式由中国热带农业科学院湛江实验站副站长周汉林主持。

张雪琦指出，2024年全国科技活动周的主题是“弘扬科学家精神 激发全社会创新活力”。要深入学习贯彻习近平总书记科技创新与科学普及协同发展重要指示精神，大力弘扬爱国、创新、求实、奉献、协同、育人的科学家精神；要深入学习贯彻习近平总书记视察湛江强调的树立大食物观，既向陆地要食物，也向海洋要食物，加快建设海上牧场、“蓝色粮仓”的重要讲话和重要指示精神，自觉肩负起引领科技创新、助力高质量发展的历史使命。广大科普工作者要增强做好科普工作的责任感、使命感，围绕“大食物观”主题大力开展内容丰富多彩、公众喜闻乐见的科普活动，营造浓郁的科普氛围，以多种渠道、多种方式向公众普及科学知识、倡导科学方法、弘扬科学精神，给青少年梦想插上科技的翅膀。

湛江市科技局领导致辞

欧阳欢对出席启动仪式的各位领导、专家和科普人士致以衷心的感谢。他指出，湛江动科特色农业博览园作为全国热带作物科普基地，将致力于打造热带“大食物观”科普教育基地，探索科学践行“大食物观”，以期为我国“大农业＋大食物＋大健康＋大科技”提供示范，为提升百姓“舌尖幸福”作贡献，促进新时期现代化农业高质量发展。民以食为天，国以粮为安。他表示，本次科普活动将大力推介科技成果，激发全社会创新活力，向公众普及“大食物观”科学知识，提高公众科学素质，从而推动科学文化的传播和发展，让科学文化走进千家万户，让科技进步造福人类。

实验站站长 / 书记欧阳欢讲话

启动仪式上还专题推介了中国热带农业科学院湛江实验站雷州山羊草畜一体化循环养殖模式、橡胶林下间作斑兰叶全产业链技术、红树林 - 贻贝 - 青蟹生态养殖模式等 10 项重点转化科技成果；发布了湛江动科特色农业博览园十二生肖的故事、趣探“五谷丰登”、趣聊“六畜兴旺”、趣说“年年有余”、相约黑山羊、“四大家鱼”的前世今生、“东方香草”斑兰叶、橡胶树的秘密、神奇的岭南中草药、热带草王争霸赛等 10 大精品研学产品；与会人员还现场参观了湛江动科特色农业博览园科普展览和园区展示基地。

参观科普展览和园区展示基地

湛江市科技局、湛江市科协、湛江市作家协会、中国热带农业科学院有关部门及湛江院区“三所一站”、湛江市霞兴集团有限公司等企业及教育机构有关领导、专家及科普人士近百人出席科普活动启动仪式。

与会人员合影

（2）庆祝2024年中国农民丰收节暨全国科普日“大食物观”活动。

金秋九月，硕果累累，为贯彻落实习近平总书记关于中国农民丰收节的重要指示精神，结合2024年全国科普日，9月22日，中国热带农业科学院在湛江动科特色农业博览园举办“科学践行大食物观、提升全民科学素质”为主题的庆祝中国农民丰收节暨全国科普日活动。

活动现场

活动开幕式上，湛江市科学技术局副局长罗林指出，我们要深入学习贯彻习近平总书记视察湛江强调的树立“大食物观”，既向陆地要食物，也向海洋要食物，加快建设海上牧场、“蓝色粮仓”的重要讲话和重要指示精神，自觉肩负起引领科技创新、助力高质量发展的历史使命，在推进创新驱动发展中闯出新路子，为湛江市加快打造现代化沿海经济带重要发展极，高标准建设省域副中心城市作出新的更大贡献。希望科研工作者围绕“大食物观”主题广泛开展“多阵地、多领域、广覆盖、高质量”的系列科普活动，助力百千万工程，推进绿美湛江建设。

湛江市科学技术局领导致辞

湛江市科学技术协会党组成员黄振洪在致辞中强调，湛江动科特色农业博览园结合自身园区特色，开展多形式“大食物观”科普活动，推广科学知识，让广大群众了解科学研究的最新成果，对提高湛江公众科学素质，树立文化自信，促进科学与社会的交流与合作具有重要意义。希望今后大力开展更多内容丰富多彩、公众喜闻乐见的科普活动，向公众普及科学知识、倡导科学方法、弘扬科学精神，给青少年梦想插上科技的翅膀。

湛江市科学技术协会领导致辞

湛江市霞山区科学技术协会主席蔡国才对湛江动科特色农业博览园在加强农业科普工作、推动科技成果转化应用、提升公众科学素养方面的扎实工作予以肯定，希望园区继续进一步加强“大食物观”科普教育内容展示，更好地为我国“大农业＋大食

物 + 大健康 + 大科技”提供示范，为提升百姓“舌尖幸福”作贡献，以更好推动科技服务“雷琼”两地和农业强国的责任与担当。

湛江市霞山区科学技术协会领导致辞

中国热带农业科学院湛江实验站站长欧阳欢表示，湛江动科特色农业博览园作为全国热带作物科普基地，将致力于打造热带“大食物观”科普教育基地，以科学践行“大食物”科普主题、精心设计“大农业”研学产品和传承弘扬“大健康”传统文化为特色，进一步完善规划，强化基础，丰富内涵，提升档次，向公众普及“大食物观”科学知识，为乡村振兴和科普教育作出更大的贡献。

湛江实验站站长欧阳欢致辞

活动现场，举行了湛江动科特色农业博览园“全国热带作物科普基地”揭牌仪式。

活动现场还举行了“展食物、保丰收”“讲食物、赞丰收”“采食物、庆丰收”“喂食物、学丰收”“品食物、享丰收”等系列庆祝农民丰收节活动。参会嘉宾纷纷参与观看展品、采摘斑兰叶、收割饲草、饲喂山羊、垂钓家鱼，学习食物科技，体验农耕劳作，了解农耕文化，品尝甲鱼鲜汤，畅饮天然植物饮品，学用千万工程，礼赞丰收中国。

园区科普系列活动

本次活动由中国热带农业科学院、中国热带作物学会、湛江市科学技术协会、湛江市科学技术局主办，中国热带农业科学院湛江实验站、中国热带作物学会科技成果转化工作委员会承办，近百人出席了开幕式和科普活动。

(3) 开启湛江动科特色农业博览园探秘之旅 ——“五一”开展科学践行“大食物观”科普活动。

小荷贴水点横塘，蝶衣晒粉忙。在一路生花的立夏时节，华南国家植物园与中国热带农业科学院湛江实验站等单位于 2024 年 5 月 3 日，联合开展科学践行“大食物观”科普活动，带领大家用四觉五感去探寻大自然孕育万物、滋养众生的无穷奥秘，开启湛江动科特色农业博览园探秘之旅。

研学团在湛江动科特色农业博览园热带草畜农业展区合影

热带草畜农业展区堪称大美乐园，《说文解字》曰：“美，甘也。从羊，从大”“羊大为美”。

走进湛江动科特色农业博览园黑山羊草畜一体化循环养殖基地，学员们立刻燃爆了好奇心，欢呼雀跃、迫不及待地用新鲜王草投喂黑山羊，通过与黑山羊“亲密接触”与“甜蜜互动”，沉浸式体验到了饲养的快乐，学习了黑山羊的生长环境和生活习性等知识，上了一堂生动有趣的动物科普课，拓宽了眼界。

通过科研人员的科普讲解，大家了解到热带草畜农业展区是以园区饲草和草食动物为研究对象，旨在发挥南方水热资源优势，发展优质饲草，提供营养饲料，减少畜牧业发展对粮食依赖的新型农业形态。主要开展“黑山羊草畜一体化循环养殖”等近10种新模式，优质饲草高产栽培、饲草料加工与营养调控等10多种新技术、新产品试验示范，是支撑我国热区粮经饲统筹发展、保障粮食安全的示范基地。

湛江动科特色农业博览园十二生肖主题休闲园区是学习优秀生肖文化的殿堂，旨在唤醒植根于炎黄子孙血脉中的民族记忆和文化自信。孩子们畅游其中，倍感亲切，兴致盎然快速找到属于自己的幸运生肖。十二生肖是中国悠久的民俗文化符号，与十二地支相配用于纪年。

通过十二生肖故事科普课程，帮助孩子们认识神态各异十二生肖成员，了解十二生肖起源，探究十二生肖轮回，掌握十二生肖特征，学习十二生肖成语，拓展十二生肖知识，体验十二生肖绘画，激发孩子们热爱生活、热爱传统文化的感情，使他们在今后的学习中逐渐领略到中华优秀传统文化的丰厚与博大。

参观黑山羊草畜一体化循环养殖基地

湛江动科特色农业博览园聚合资源、深度联动，通过考察探究、设计制作、体验观摩等多种儿童喜闻乐见的形式让孩子们亲近大自然、发现动植物，为孩子们搭建了正确认识、深刻理解“大自然宝藏”的舞台，在生物资源保护利用、科学普及方面进行示范探索，有效践行了人与大自然生命共同体的使命担当。

（三）园区主要研学产品

“五谷丰登”“六畜兴旺”“年年有余”“四大家鱼”“斑兰飘香”“雨林骄子”“四大南药”“热带草王”“十二生肖”各显神通，欢迎大小朋友到湛江动科特色农业博览园来，翱翔自然课堂、践行大食物观、探寻特色食物、感悟科技力量、学习科学文化、领略劳作乐趣、感受萌宠相约、传承农耕文化、体验乡村民俗，在实践中研学，在研学中成长。

1. 课程：十二生肖的故事

授课对象：幼儿园、小学、中学的学生

课程时长：90～120 分钟

研学目标：十二生肖由鼠、牛、虎、兔、龙、蛇、马、羊、猴、鸡、狗、猪组成，是中国传统文化中的一个独特符号。本课程旨在帮助孩子们认识神态各异的十二生肖成员，了解十二生肖起源，探究十二生肖轮回，掌握十二生肖特征，学习十二生肖成语，拓展十二生肖知识，体验十二生肖绘画，激发孩子们热爱生活、热爱传统文化的感情，使他们在以后的学习中逐渐领略到中华优秀传统文化的丰厚与博大。

授课方式：情景教学、课堂教学、手工实践

十二生肖

2. 课程：趣探“五谷丰登”

授课对象：幼儿园、小学、中学的学生

课程时长：90 分钟

研学目标：我国自古以来就有庆五谷丰登、盼国泰民安的传统。本课程旨在帮助孩子们认识五谷丰登，了解五谷起源，探究稻、黍、稷、麦、菽分类和用途，认识水稻、玉米、花生、甘薯、木薯等五谷杂粮，感受春花夏果、秋收冬藏，培养孩子们对农作物和农耕劳作等方面的综合素养，以激发孩子们的创造力和解决问题的能力，使古老的华夏农耕文化焕发出勃勃生机。

授课方式：情景教学、课堂教学、手工实践

五谷丰登

3. 课程：趣聊“六畜兴旺”

授课对象：幼儿园、小学、中学的学生

课程时长：90 分钟

研学目标：中国古人把马、牛、羊、鸡、犬、豕（猪）称作“六畜”。“六畜兴旺”代表着家族人丁兴旺、吉祥美好。本课程旨在帮助孩子们了解“六畜”，探究“六畜”作用，学习“六畜”有关成语，拓展“六畜”历史文化知识，让孩子们通过故事认识“六畜”，激发孩子们热爱生活、热爱传统文化的感情，使他们在以后的学习中逐渐领略到中华优秀传统文化的丰厚与博大。

授课方式：情景教学、课堂教学

六畜兴旺

4. 课程：趣说“年年有余”

授课对象：幼儿园、小学、中学的学生

课程时长：90 分钟

研学目标：在中国文化中，鱼象征着富贵和吉祥，而“余”与“鱼”谐音，“年年有余”也成为人们对美好生活的一种期许。本课程旨在帮助孩子们认识“年年有余”的典故，通过现场和视频观看与年年有鱼相关的图片，讲述年年有余的经典神话故事，了解湖泊食物和海洋食物的作用，并通过粘贴鱼画了解年画中鱼的寓意，引导孩子多角度、多感官了解中国的传统文化，感受传统文化带来的美好祝福！

年年有余

授课方式：情景教学、课堂教学、手工实践

5. 课程：相约黑山羊

授课对象：幼儿园、小学、中学的学生

课程时长：90 分钟

研学目标：雷州山羊是我国著名的广东山羊品种、国家级优良地方品种，因原产于雷州半岛一带而得名。本课程旨在帮助孩子们了解黑山羊的生长环境和生活习性，通过与湛江动科园养殖场的黑山羊“亲密接触”，感受饲养的快乐，认识黑山羊的美味，燃爆学生们的好奇心，上一堂生动有趣的动物科普课，拓宽学生们的眼界。

黑山羊

授课方式：情景教学、课堂教学

6. 课程：“四大家鱼”的前世今生

授课对象：幼儿园、小学、中学的学生

课程时长：90 分钟

研学目标：鱼是世界上最为古老的生物群类，我们的渔民祖先把青鱼、草鱼、鲢鱼、鳙鱼称作“四大家鱼”。本课程旨在帮助孩子们认识我国“四大家鱼”，熟悉“四大家鱼”的生活环境，了解他们从“野鱼”到“家鱼”历程，探究“四大家鱼”的繁殖秘密，收获一份珍贵的鱼类饲养指南。通过与鱼相伴，让孩子们在寻找中学会分享，在发现中学会观察，在品尝中体会喜悦。

四大家鱼

7. 课程："东方香草"斑兰叶

斑兰叶

授课对象：幼儿园、小学、中学的学生

课程时长：90～120 分钟

研学目标：斑兰叶是 20 世纪 50 年代归国华侨从东南亚带回的香料植物，有"东方香草"之美誉。本课程旨在帮助孩子们认识斑兰叶历史、了解斑兰叶文化；通过实践活动让学生学会斑兰叶育苗，并进行斑兰叶锄草、浇水、收割等管护，收获斑兰叶片，培养学生对生物科学的兴趣，体验农业劳动的喜悦；通过动手冲泡斑兰饮料，让孩子们了解"东方香草"的用途并品尝到美妙滋味。

授课方式：情景教学、课堂教学、手工实践

8. 课程：橡胶树的秘密

授课对象：幼儿园、小学、中学的学生

课程时长：90 分钟

研学目标：橡胶是我国的四大战略物资之一，橡胶树作为热带经济作物承载了一代人的记忆。本课程旨在帮助孩子们认识什么是橡胶树，橡胶树从哪来，橡胶树喜欢的生长环境，橡胶树为何流“眼泪”，橡胶树的“眼泪”可以做什么，并通过寻找“雨林骄子”——橡胶树秘密。

授课方式：情景教学、课堂教学

橡胶树

9. 课程：神奇的岭南中草药

授课对象：幼儿园、小学、中学的学生

课程时长：90 分钟

研学目标：中医药是中华民族的瑰宝，岭南中草药是全国地道药材的主要产区。本课程旨在帮助孩子们认识岭南道地药材和我国“四大南药”，寻找园中林下种植的春砂仁、五指毛桃、益智、巴戟天、百部、天门冬、高良姜、姜黄、山姜、紫苏、穿心莲、广金钱草等中草药，了解生活中触手

岭南中草药

可及的草药，观标本、听知识、学文化、闻药香、做手工，让中医药文化的种子在心中生根发芽。

授课方式：情景教学、课堂教学、手工实践

10. 课程：“热带草王”争霸赛

授课对象：幼儿园、小学、中学的学生

课程时长：90 分钟

研学目标：热带牧草是地球绿色卫士，是默默无闻保护国家生态安全和粮食安全的小草。本课程旨在帮助孩子们认识热带牧草，寻找园中种植的王草、柱花草、木豆、田菁、玉米草、平托花生等热带牧草，了解牧草大家族、新面孔、多用途，现场学习亩产 30 吨“热带草王”生长习性、栽培技术，亲手制作青饲料，体验不一样的南方青草世界。

授课方式：情景教学、课堂教学、手工实践

王草

（四）园区文化传播

1. 园区文化设施

日晷

日晷

宣传廊

宣传廊

宣传廊

宣传廊

科普课室

2. 十二生肖文化

生肖，也叫属相，以十二种不同的动物代表不同年份的纪年法和计算年龄的方法，统称为十二生肖。

十二生肖表的排序顺序分别与十二地支（子、丑、寅、卯、辰、巳、午、未、申、酉、戌、亥）相对应，形成子鼠、丑牛、寅虎、卯兔、辰龙、巳蛇、午马、未羊、申猴、酉鸡、戌狗、亥猪。在中国传统文化中，每一个生肖都有其代表的特征和象征意义，如智鼠、憨牛、猛虎、瑞兔、蛟龙、祥蛇、骏马、吉羊、灵猴、鸣鸡、旺狗、福猪，各具特点、各显神通。

十二生肖

（1）十二生肖——鼠。

鼠是十二生肖中排在第一位的动物，传说中鼠善于利用智慧和机智，能够化险为夷，走出困境。在中国传统文化中，鼠也代表了勤劳、灵敏和机警的精神。

二十三点至一点为“子时”。子夜时分，古人发现鼠类频繁出没，于是，子时便与鼠联系在一起，便成了“子鼠”。

鼠

（2）十二生肖——牛。

牛是农耕文化中不可或缺的力量，代表着人们勤劳、耐力、朴实的品质。在中国传统文化中，牛还是财神的象征，寓意着带来好运和财富。

一点至三点为“丑时”。喂好牛是农家的大事，此时农家自会起身喂牛。于是，牛与丑时联系在一起，便成了“丑牛”。

牛

（3）十二生肖——虎。

虎是十二生肖中最具有威严的动物之一，传说虎能够保护人们免受邪恶之神的侵害。在中国传统文化中，虎还象征着勇气、力量和尊贵。

三点至五点为“寅时”。昼伏夜行的虎最凶猛，在此时常听到传来虎啸声。于是，虎与寅时相联系，有了“寅虎”。

虎

（4）十二生肖——兔。

兔子的形象温和、可爱，寓意着柔和、善良、敏捷和勤劳。在中国传统文化中，兔子也是代表着春天和繁荣。

五点至七点为“卯时”。天亮了，兔子跑出窝，去吃带着露水的青草。于是，兔子与卯时相联系，便有了“卯兔”。

兔

(5) 十二生肖——龙。

龙是中国传统文化中的重要象征，代表着权力、尊严和力量。在中国传统文化中，龙还是天子的象征，具有至高无上的地位。

七点至九点为“辰时”，是容易起雾的时刻。据说龙能腾云驾雾，如此，龙和辰时相联系，便有了“辰龙”。

龙

(6) 十二生肖——蛇。

蛇是一种神秘而有力量的动物，代表着智慧、灵性、神秘与生命力。

九点至十一点为“巳时”，艳阳当空。这是蛇最活跃的时刻，体温不恒定的蛇从洞穴中爬出来晒太阳，便有了“巳蛇”。

蛇

（7）十二生肖——马。

马是一种有力量的动物，代表着奔放、自由和勇气。在中国传统文化中，马还是军事中的重要战略物资，代表着战争与胜利。

十一点至十三点为“午时”，烈日当头。红鬃烈马是良驹，但它的性子就像午时的太阳一样火烈。马与午时相联系，就有了“午马”。

马

（8）十二生肖——羊。

羊是一种温顺、善良、吉祥的动物。羊还是农业生产中的重要动物，在中国传统文化中，代表着收成和幸福。

十三点至十五点为“未时”。骄阳已把草上的露珠晒干，这正是放羊的好时光，于是，“未羊”应运而生。

羊

(9) 十二生肖——猴。

猴是一种聪明、机智、调皮的动物，代表着智慧和灵性。在中国传统文化中，猴还是戏曲中的经典角色，代表着狡黠和幽默。

十五点至十七点为“申时”。太阳偏西，天气显得清爽起来，这时猴子最喜欢在树林里玩耍啼叫，于是就有了“申猴”。

猴

(10) 十二生肖——鸡。

鸡是一种美丽、灵敏的动物，代表着古人对忠诚、勇气与正义的追求。在中国传统文化中，有很多形似鸡爪的古代兵器，代表着战争和勇气。

十七点至十九点为“酉时”。太阳快落山了，家养的鸡该回窝了，于是就有了“酉鸡”。

鸡

（11）十二生肖——狗。

狗是一种勇敢、警觉的动物，代表着忠诚和义气。在中国传统文化中，狗还是军队中的重要动物，代表着保卫和守护。

十九点至二十一点为“戌时”，黑夜来临，狗看家守夜的警惕性最高，所以便有了“戌狗”。

狗

（12）十二生肖——猪。

猪是一种诚实、幸福的动物，代表着财富和幸福。在中国传统文化中，猪还是农业生产中的重要动物，代表着丰收和富裕。

二十一点至二十三点为“亥时”，深夜可以听到肥猪拱槽的声音，主人很高兴起身为它添食，于是有了“亥猪”。

猪

3. 六畜兴旺文化

六畜兴旺，指各种牲畜、家禽繁衍兴旺。六畜分别指的是马、牛、羊、鸡、狗、猪，在《三字经》中有“马牛羊，鸡犬豕。此六畜，人所饲。”的记载。

谚语“五谷丰登，六畜兴旺”，作为太平盛世的象征，印证了“六畜”与人类社会发展的紧密关系。“六畜”各有所长，为人们的日常生活提供了基本保障。它们或者是重要的食物来源，或者是耕田的劳力提供者，或者是运输工具，或者是看家护院以及狩猎的助手。

（1）六畜兴旺——马。

马为六畜之首，与人关系密切。马的精神，是忠诚，是高贵，是奔驰，是不可征服；马的神韵，则是马在与人类同生死、共荣辱的历史中所表现出来的一种充满奉献美的史诗。

“马到成功”象征着人们迈着稳健的步伐迈向成功，创造出自己事业上的辉煌成就，也寓意着事业飞黄腾达、大业有成。

马

（2）六畜兴旺——牛。

牛为人类的生产活动提供了畜力的辅助，以及肉和奶等营养食物。牛是财富和力量的象征，是勤劳和智慧的代表，它任劳任怨地耕耘着土地，为人们默默奉献着自己。

“牛气冲天”比喻事业顺风顺水、兴旺发达，生活红红火火、蒸蒸日上。

牛

（3）六畜兴旺——羊。

羊代表着勇敢、聪明和坚韧的品质，象征着吉祥如意。古代人们在祭祀祖先的时候，羊是第一祭品，羊更有“跪乳之恩”的典故。

“三阳（羊）开泰”表示阳气始生，阴气渐去，冬去春来，万物复苏。三阴三阳，天地交合，期盼一代又一代康泰平安。

羊

（4）六畜兴旺——鸡。

鸡是世界上最重要的肉食、蛋品来源。自古以来，有鸡鸣犬吠的地方就有人家、有烟火，而雄鸡啼曙则代表吉祥之喻、光明之象、奋斗之声。

“金鸡报晓”象征吉运来临，好运常伴，前程锦绣，有送走黑暗、迎接光明的寓意。

鸡

（5）六畜兴旺——狗。

狗是人类最早驯化饲养的家畜之一，是机智聪慧、赤诚勇敢、尽职守信、舍身重义的代表。雷州石狗是雷州半岛的一种民间信仰，被作为守护神保人们四季平安，是国家级非物质文化遗产。

“瑞狗迎春”表示年宵将近，家犬为宠，守于门前，一声旺旺，颇有祝福新岁的喜气，也寓意财源滚滚、富贵吉祥。

狗

（6）六畜兴旺——猪。

猪是人类非常重要的肉食品来源。猪的外表胖胖圆圆的，是财富、福气的象征，也是勤劳质朴、待人诚实的象征。

“金猪祈福”彰显了祭祖仪式的隆重，以示对先人的尊敬，同时也饱含希望，可福荫庇佑、祈福安康。

猪

4.“五谷丰登”文化

“五谷丰登”作为成语虽成熟于后世，但其思想源头可追溯至先秦农事观念，如《六韬·龙韬》中强调“仓廪实，五谷丰”的治国理念。它反映了我国古代农耕文明（尤其以中原为代表的北方旱作农业）对作物丰收的美好愿景。其中的“五谷”在《周礼·天官》《孟子·滕文公》《楚辞·大招》等典籍中均有记载，但具体所指因时代和地域略有差异，通常包括粟（小米）、黍（黄米）、稻（水稻）、麦（小麦）、菽（大豆），部分文献亦包含麻（大麻籽）。我们现在所说的五谷，一般也可作为谷类粮食的统称。

五谷

（1）稻。

稻即水稻，稻谷去壳后称糙米，糙米碾去米糠层即可得到大米。大米是全世界一半以上人口的主食。水稻是中国产量最大的粮食作物，中国大部分省份都可种植水稻。

水稻分为很多类型，按亚种分为籼稻和粳稻，按成熟期可分为早稻、中稻和晚稻，按淀粉结构不同可分为粘稻和糯稻等。南方主要是籼稻，生长周期短，一年成熟多次；北方主要是粳稻，生长周期长，一年成熟一次。

中国的水稻栽培史可以追溯到1万多年前，根据科学家对水稻基因组的分析推测，水稻大约在中国华南被驯化。早期的水稻并不是人们的主要粮食，到了唐朝，稻逐渐代替了粟（今天的小米），开始在全国粮食生产中占据重要地位，直到明清时期，水稻在粮食作物中的比重中占到了绝对优势。

稻

（2）黍。

黍即黄米，又称糜子、黄小米，颜色和小米相近，但是黍并非小米，体积上也比小米稍大，煮熟后有黏性，可以酿酒、做糕。

由于黄米不利于消化，现在也基本上不作为主食了。现在接触到的用黄米做成的食物主要有北京炸糕、东北黏豆包、陕北黄馍馍、黄米凉糕等。

黍原产于我国，在原始农业时期已被驯化栽培，因其生产期短、耐旱，竞争力强，种植最早，是古代黄河流域主要粮食作物之一。从“彼黍离离，彼稷之苗”，到“故人具鸡黍，邀我至田家”，黍在一方餐桌之上，见证了中原大地一步步地雄起。但由于经济文化中心不断南迁，黍的地位也逐渐下降。商周时期，黍仍是主要的粮食作物，到了春秋战国时期，黍的地位已经下降，“黍稷”的首席地位已被“菽粟”所代替，它不再是主粮，今天在中国的餐桌上已经很少见。

黍（黄米）

（3）稷。

稷又称粟，就是我们平时吃的黄色的小米。生长耐旱，品种繁多，俗话说“粟有五彩”，即有白、红、黄、黑、橙、紫各种颜色的小米，还有黏性小米。

小米营养价值高，营养全面均衡，能健脾和胃、补益虚损、和中益肾、除热解毒，主治脾胃虚热、反胃呕吐、消渴、泄泻等，非常适合体虚的人食用。

小米原产于中国，小米的祖先是一种狗尾草。小米在中国古代很长一段时间内都是重要的粮食。在原始农业时期，因小米能适应贫瘠的土壤优先得到驯化，具有抗旱耐热、生长期短、产量高、品质好的特点。随着农业技术改进，到商周时期，小米便逐渐取代了黍，成为最重要的粮食作物，并被普遍种植，直到隋唐时期，其首要地位才被稻所取代。

古代中国把国家称为社稷，稷代指粮食，可以看出当时稷在国人心中的重要地位。时至今日，小米在北方地区还有种植，但在粮食总体中的占比已经极低，多数人用它来煮粥，也被用作花鸟市场里的鸟食。

稷（小米）

（4）麦。

麦包括大麦、小麦，小麦是五谷中唯一起源地并非中国的谷物品种。

小麦去皮磨成面粉可以制作面包、馒头等食物，发酵后可制成啤酒、酒精、白酒等。中国知名面食有担担面、兰州拉面、臊子面、阳春面、云吞面、刀削面、冷面、油泼面、扬州炒面、老北京炸酱面……

考古研究表明，小麦最早于距今约1万年至9 600年前在西亚新月沃地被驯化。商周时期，小麦虽已传入中国，但因加工技术限制及适应性要求，播种面积远低于粟、黍。春秋战国至秦汉时期，随着铁农具、垄作技术改进及政府推广（如种宿麦），小麦逐渐成为北方重要作物。隋唐时期，小麦与粟并列为主粮，面食（如汤饼、蒸饼）日益普及。至宋代，植物油榨取和蔗糖技术推动油炸食品与糕点的发展，饮食文化进一步丰富。

相比于小米，小麦粉富含面筋蛋白，这种蛋白让面团具有韧性，易于加工成不同形状，口感也更加丰富，这是小麦地位在历史上反超小米的一个重要原因，小麦在明代时成为仅次于稻的粮食作物并延续至今。

麦

（5）菽。

菽是豆类的总称，一般而言，菽是指"大豆"。

我国东北是大豆主产区。按大豆的种皮颜色可以划分为黄大豆、青大豆、黑大豆，其他还有褐色、棕色、赤色等单一颜色的大豆，但日常以黄大豆和黑大豆最为常见。

大豆起源于中国。考古证据显示，我们的祖先在3 000年前就开始种植大豆了，在6 000年前的遗址中就发现了野生大豆。

豆类制品是中国百姓们喜欢的食物之一。在古代，大豆不仅可以直接食用，中国人还创造了豆浆、豆腐等豆制品，并发明了酱油等源自大豆的调味品。

大豆有一个远胜其他四谷的优点就是蛋白质含量达到了35%～44%，是谷类食物的4～5倍，是优质蛋白质的重要来源。

菽

5. 二十四节气饮食习俗

二十四节气是中国传统农业社会根据自然季节循环的规律及气象、物候、天文等自然现象为标识进而划分为农耕周期，进而安排农事劳作的时间分布。每个节气大约相隔 15 天，共分为 12 个月，每月有 2 个节气。二十四节气依次为：立春、雨水、惊蛰、春分、清明、谷雨、立夏、小满、芒种、夏至、小暑、大暑、立秋、处暑、白露、秋分、寒露、霜降、立冬、小雪、大雪、冬至、小寒、大寒。

（1）立春。

“立春”为二十四节气之首。这一天后，草木复苏，万物始生，春天到来。由于我国纬度跨度大，南北节律进度不一致，南北气候有所差异，南方立春已经春暖花开，北方还处于冰天雪地。

立春饮食习俗也会有所不同。在北方立春吃春饼，又称为“咬春”，这一习俗源远流长，寓意“咬断冬天，迎接春天”，有喜迎春季、祈盼丰收之意。在南方立春时节吃春卷，寓意着有迎春喜庆之吉兆，期盼新的一年里身体健康。俗语还有“立春一具，水热三分”之说。

春饼

（2）雨水。

“雨水”是二十四节气第二个节气。如果说立春时节是乍暖还寒，那么到了雨水节气就真正地进入气象意义的春天，天气变化不定。南方雨季降雨量会渐渐增多，以毛毛细雨为主，这有利于促进农作物的生长。在南方你可以看见一片蒙蒙的春景，而在北方寒气未退。

在饮食习俗方面，南方吃春笋寓意着节节高升；北方则偏爱荠菜，其鲜美清爽，不仅滋味独特，还承载着旧时采集的记忆。此外，特别的习俗如客家地区的爆米花（占稻色）、川蜀的罐罐肉（传递亲情）、龙须饼（纪念龙王）及多地盛行的红枣粥（寓意健康），各自蕴含着祈福丰收、尊老爱幼、纪念英雄和滋养身体的美好愿望。

春笋

（3）惊蛰。

“惊蛰”是二十四节气中的第三个节气。进入惊蛰节气，天气渐渐回暖，春雷较多，雨水也增多，万物萌发，这个时节我国大部分地区已经开始准备春耕。

艾草

惊蛰时节往往平地一声雷，唤醒了冬眠中的蛇虫鼠蚁，有时会钻到家中，所以惊蛰当日，人们会手持清香、艾草，熏家中四角来驱赶它们。久而久之，演变成驱除霉运的习俗。惊蛰吃梨，寓意与害虫“离”别，祈愿庄稼免受虫害，五谷丰登。惊蛰时分，气候乍暖还寒，空气干燥，人们容易感到口干舌燥。而梨，恰逢其时可润肺止咳。

（4）春分。

“春分”是二十四节气中的第四个节气。春分昼夜长短平分，天气变化无常，冷热交替，是要注意保暖的节气。这时，我国的大部分地区越冬农作物已进入春季生长阶段，同时也是春耕、春种的大忙时期。

野苋菜

在习俗方面，春分这天会玩“竖蛋”的游戏，尝试把蛋竖起来，以此庆祝春天的到来。故有“春分到、蛋儿俏”的说法。春分自古就有吃春菜的习俗，尤其在南方的一些地区，人们会采摘名为“春碧蒿”的野苋菜，用于制作“春汤”。青翠欲滴的春菜，不仅鲜嫩可口，还寓意着春天的清新与生机。正如俗语所说：“春汤灌脏，洗涤肝肠。阖家老少，平安健康。”春分这天，全家人围坐共享一锅春汤，不仅品尝到了春天的味道，更寄托了对家人健康的美好祝愿。

（5）清明。

“清明”是二十四节气中的第五个节气，也是我国的传统节日之一。在民间有的地区会把清明称为“寒食节”“踏青节”。当天是祭祖扫墓的日子，也可远足踏青、寻春。

青团

在这个节气，有的地方人们喜欢吃蒸发糕，因吃蒸发糕寓意有“发财”“高升”的美好愿望。清明吃青团，是江南一带清明时节不可或缺的美味，以其翠绿的色泽和软糯的口感闻名遐迩。这抹清新的绿色，不仅是春天的象征，更寓意着生命的勃勃生机与对逝者的怀念之情。一口下去，软糯中带着淡淡的艾草香，仿佛将春天的故事娓娓道来，令人回味无穷。清明螺则是南方一些地区清明期间的另一道特色美食。民间有言：“清明螺，抵只鹅。”此时的螺肉最为肥美，经过简单烹调，便能激发出极致的鲜美。

（6）谷雨。

“谷雨”是中国传统二十四节气中的第六个节气，也是春季的最后一个节气。谷雨时节，南方的气温升高很快，即便是在寒冷的北方，基本上也看不见霜了，故有“清明断雪，谷雨断霜”之说。

谷雨茶

在南方，谷雨是采摘春茶的好时节，这天采鲜茶叶制作的干茶才算是真正的谷雨茶。古人云：“谷雨三朝看牡丹，茶山五月摘新茶。”此时的茶树经过冬季的休眠和春季的滋养，泡出的茶汤色泽翠绿，香气清雅，滋味甘醇，不仅能够提神醒脑，还有助于清除体内湿气，促进身体健康。香椿，则是北方谷雨时节餐桌上的珍馐，被誉为“树上蔬菜”。其独特的香气和丰富的营养价值，使之成为春日里不可多得的美味。谷雨前后，香椿芽叶最为鲜嫩，民间有“雨前香椿嫩如丝”之说。

（7）立夏。

“立夏”是中国传统二十四节气中的第七个节气，也是夏季的第一个节气。到了立夏，全国大部分地区气温渐渐回升，光照充足，雷雨增多，给农作物生长提供充足的条件。

在饮食方面，有部分地区会吃立夏饭，又称“五色饭”，在江南地区尤为流行。这道色彩斑斓的米饭，通常由糯米搭配蚕豆、笋丁、豌豆等多种当季食材共同烹制而成。

每一种颜色不仅代表了自然界的丰富多样性，也象征着五行的平衡与和谐。立夏蛋则是另一项流传甚广的习俗，尤其是江南地带，在这一天，家家户户会煮食鸡蛋，有的地方还会用彩线编织成蛋袋，将煮熟的鸡蛋装入，挂在孩童的胸前，寓意着避邪保平安，健康成长。咸鸭蛋因其独特的风味和丰富的营养价值，在立夏时节也备受青睐，老一辈常说："立夏吃了蛋，热天有劲头。"吃蛋的习俗不仅体现了对立夏转换的重视，也寄予了对孩子们未来的美好愿景。

立夏饭

（8）小满。

"小满"是中国传统二十四节气中的第八个节气。夏熟农作物到了农历四月中旬的时候，尽管籽粒变得很饱满，但并没有完全长成，所以叫"小满"。在这个节气，全国各地渐次进入夏季，南北温差缩小，降水量增多，是适宜水稻栽插的时节。

苦菜

小满民俗大都吃苦菜，作为小满时节的时令野菜，自古以来就被誉为"天然的解毒剂"，正适合在湿热渐盛的小满时节食用。人们常将其焯水后凉拌或清炒，那略带苦涩却又回甘的滋味，既满足了人们对健康饮食的追求，也让人在苦中品味到生活的真谛。在北方的一些地区有烤麦子的习俗，小满时节麦子将熟时，农民会摘下一些半青半黄的麦穗，放在炉火上烤熟，用双手搓掉麦芒和青皮给孩子吃。烤熟的麦子有一股焦味和香味，嚼起来还有一丝的韧劲。在北方，烤麦子不仅成为许多人童年的珍贵回忆，还承载了农民祈求丰收的美好愿望。

（9）芒种。

"芒种"是中国传统二十四节气中的第九个节气。芒种字面意思：忙着种、忙着收，预示着农民要开始忙碌农事。南方忙着插秧，北方忙着收小麦、大麦。

青梅

南方有一个习俗，那就是"煮梅"，青梅作为初夏的果实，酸甜可口，正逢芒种时节成熟。古人有"青梅煮酒论英雄"的典故，而芒种食青梅，则更多了一份保健的意味。人们常将青梅腌渍或酿制成青梅酒，不仅能够生津止渴、增进食欲，还能有效缓解夏季的湿热，促进消化。薏仁粥，则是芒种时节调理身体的又一佳选。一碗软糯清香的薏仁粥，让人在闷热的天气中也能保持清爽与活力。古时，送花神是芒种时节最为盛大的节日。此时百花凋零，枝上绿肥红瘦，地上落叶缤纷。民间有的在芒种日举行祭祀花神的仪式，把二月十二花朝节上迎来的花神归位，表达对花神的依依惜别之情，盼望来年再次相会。

（10）夏至。

"夏至"是中国传统二十四节气中的第十个节气。天文学上认为，夏至才是北半球夏季的开始，夏至过后，北半球的白天将会越来越短。

夏至面

自古以来，中国民间就有"冬至饺子夏至面"的说法，夏至吃面是许多地区的重要习俗，面条象征着绵长，夏至食面，既有庆祝作物丰收的喜悦，也有祈求家人长寿安康的美好愿望。南方有阳春面、肉丝面、干汤面、三鲜面等，北方则是打卤面和炸酱面。因夏至麦子已经收割，所以磨麦吃面也有尝新的意思。而夏至蛋，主要流行于湖南等地。在夏至这天，人们将鸡蛋煮熟后剥壳，加入红枣一同煮汤食用，称为"吃夏至蛋"。

（11）小暑。

"小暑"是中国传统二十四节气中的第十一个节气。小暑是体现天气炎热程度的节气，"小"字自然就表示还不是最热，一般情况下，小暑节气的标志是入伏和出梅。入伏是进入伏天的意思，出梅则是指江南梅雨结束。

莲藕

在南方食新是小暑节气的习俗，是将新打的米、麦等磨成粉，做成各种面食，分享给乡民一起吃，寓意着丰收的祈愿。头伏饺子，是小暑节气中的一项重要习俗，尤其是在北方地区。有谚语云："头伏饺子二伏面，三伏烙饼摊鸡蛋。"小暑之后不久即进入初伏，此时人们习惯吃饺子，因为饺子形态饱满，寓意着丰收和健康。而吃藕，则是南方地区小暑时节颇为流行的习俗。莲藕生于水中，自带一股清新的凉意。新鲜的莲藕，既能凉拌又能炖煮，因其脆嫩的口感和清甜的味道，可为餐桌增添一抹夏日的清凉。

（12）大暑。

“大暑”是中国传统二十四节气中的第十二个节气，是一年中温度最高的时节。大暑节气一般处在“三伏”里的中伏阶段，是我国一年中日照最多的时期。所谓有“冷在三九，热在中伏”之说。

荷叶

在饮食方面，全国大多数人吃西瓜、雪糕等食物来解暑解闷。在广东地区大暑时节大都吃烧仙草，这是由仙草制成的凉粉，因其清甜解暑，被誉为“夏日圣品”。南国之地，凉拌素菜成为餐桌常客，简朴的搭配如芽菜拌豆腐、凉拌三丝，既能唤醒夏日疲倦的味蕾，又能带来丝丝凉意。福建莆田有“过大暑”习俗，通过荔枝的甘甜、羊肉的温补及米糟的醇厚，展现了一种别致的夏季节日庆祝方式。此外，老冬瓜鲜荷叶汤、煎青草豆腐、姜茶等，遍布各地，各具特色，均为消暑降温、滋养身心的佳选。大暑所在的阴历六月也称“荷月”，民间多有赏荷的习俗。

（13）立秋。

“立秋”是中国传统二十四节气中的第十三个节气。这时代表着炎热的夏天即将过去，秋天随之而来。立秋后天高气爽，月明风清，气温逐渐下降，谷物成熟，收获的季节就快到了。

芋头

在饮食习俗方面，在广东的湛江、茂名等地方都要吃芋头。有“吃了芋头，脚不会抽筋”的说法。“贴秋膘”是中国北方地区广泛流传的习俗历经数百年依旧盛行。随着秋季的到来，气候转凉，人体需要储存能量以备寒冬。因此，立秋之日，家家户户会准备丰盛的肉类菜肴，如红烧肉、炖排骨等，可以补充夏季流失的营养，增强体质。而“啃秋瓜”，则是一个更加贴近自然、充满乐趣的习俗，立秋之时，人们会选择在这一天聚集在一起，品尝甘甜多汁的瓜果。

（14）处暑。

“处暑”是中国传统二十四节气中的第十四个节气。“处”是终止的意思，代表着炎热要转变为凉爽。到了处暑时节就已经出伏了，每当秋雨过后，人们会感到明显的降温，故有“一场秋雨一场寒”之说。

在这一节气，民间食俗缤纷多彩，南京等地有处暑食鸭的习俗，尤以麻鸭为佳，炖煮老鸭煲或红烧鸭块，既满足了味蕾享受，又有清热润燥之效。而在福州，人们则偏爱龙眼，清甜解腻，皆为秋季补益之上选。此外，处暑民间有“煎药茶”的习俗，其有清热、除肺热等功效，寓意着入秋要吃点“苦头”意思。凉茶习俗源自唐代，但处暑后建议适量饮用。这些食俗共同勾勒出一幅处暑时节滋养身心、迎接凉爽秋天的生动画卷，提醒人们在季节交替之时，以食养身，顺应自然，享受每一个节气独有的馈赠。

食鸭

（15）白露。

“白露”是中国传统二十四节气中的第十五个节气。八月节，寒气渐重，水土湿气凝结而为露，白露表明气温已经降低，水汽在地面上凝结成水珠了。北雁要开始南归避寒过冬，“蒹葭苍苍，白露为霜”的诗句就表达了白露节气的特点。

秋梨汤

在这一节气，民间有“食白”习俗，最具代表性的食物是百合与莲子。百合，色白如雪，外形应景，是秋日里清补的佳品。“喝秋梨汤”则是北方地区颇为流行的白露食俗。秋梨，正值丰收季，是应对秋燥的理想水果。将梨去核切块，加入适量冰糖、枸杞及少许川贝母慢炖，一锅金黄透亮的秋梨汤便成了，每一口都是对身体的温柔呵护。此外，还有吃番薯、喝白露茶的习俗。此时的茶树经过夏季的酷热，白露前后正是它生长的好时机。白露茶既不像春茶那样鲜嫩，也不像夏茶那样干涩味苦，而是有一种甘醇清香的味道，因此深受人们的喜爱。

（16）秋分。

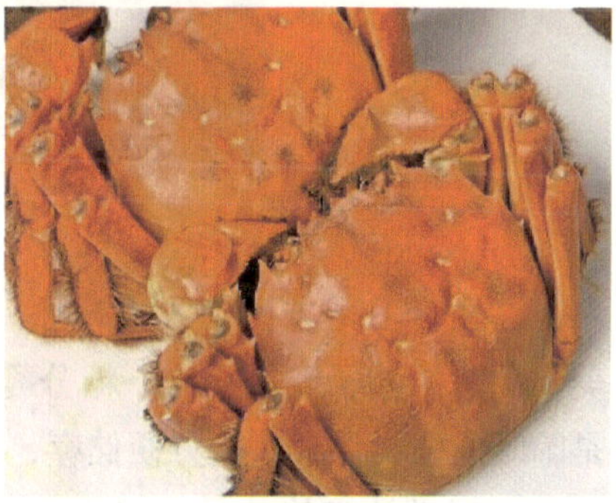

品螃蟹

“秋分”是中国传统二十四节气中的第十六个节气。秋分者，阴阳相半也，故昼夜均而寒暑平。秋分的“分”是“半”的意思。

秋分时节，我国大部分地区秋高气爽，丹桂飘香，蟹肥菊黄。在饮食习俗方面，“吃秋菜”，这一习俗在岭南等地尤为盛行，当地居民会在秋分时节采摘野苋菜等时令野菜，称为“秋碧蒿”。这些绿色蔬菜富含维生素与矿物质，清炒或与鱼片、豆腐等一同滚汤，既可口又滋补，象征着对自然恩赐的珍惜与身体的温柔养护。“品螃蟹”，则是江南等地秋分时节的一大乐事。此时的螃蟹膏满黄肥，肉质鲜美，正是品尝的最佳时机。古人云：“秋风起，蟹脚痒”，中秋前后，邀三五知己，赏月品蟹，成为文人墨客与寻常百姓共有的雅趣。

（17）寒露。

菊花酒

“寒露”是中国传统二十四节气中的第十七个节气。寒露时节，气温比白露时更低，由白露的凉爽转为寒冷，地面的露水快要凝结成霜了。此时北方已呈深秋景象，白云红叶；南方也秋意渐浓，蝉噤荷残。

在饮食习俗方面，“吃芝麻”在寒露时节尤为盛行，这源于“秋冬养阴”的养生理念。在寒露期间，人们常将芝麻磨成芝麻糊、制成芝麻糖、芝麻酥，或是直接撒在粥、糕点上食用，既增加了食物的香气，又起到了滋养身体的效果。重阳节是我国的传统节日，一般有出游赏秋、登高远眺、观赏菊花、插茱萸、吃重阳糕，饮菊花酒的活动。菊花在寒露时分盛开，正所谓“秋丛绕舍似陶家，遍绕篱边日渐斜”。用菊花泡制的酒，在寒露时节饮用，既顺应了自然界的节气变化，又满足了人们养生保健的需求。

（18）霜降。

“霜降”是中国传统二十四节气中的第十八个节气。霜降节气含有天气渐冷、初霜出现的意思，是秋季的最后一个节气。

柿子

在饮食习俗方面，“吃柿子”是霜降时节的传统习俗之一，霜降后的柿子格外甜美。此时的柿子经过霜冻，糖分凝聚，口感更加甘甜。人们喜欢将柿子直接食用，或是晾晒成柿饼保存，既方便储存，又能长久享受这份来自自然的馈赠。“食牛肉”则是霜降期间滋补身体的另一习俗。不少地方在霜降这天有吃牛肉的习俗，通过炖、煮、烧等多种烹饪方式，搭配不同的调料和配料，既美味又营养。霜降节气正是菊花盛开时节，全国各地会举办菊花会，以表达对菊花的喜爱。

(19) 立冬。

“立冬”是中国传统二十四节气中的第十九个节气，也是冬季的第一个节气，代表着冬季的开始。这时候秋季作物全部收晒完毕，收藏入库，动物也藏起来准备冬眠，躲避寒冷。

饺子

在饮食习俗方面，民间有“入冬日补冬”的食俗。北方地区有立冬吃饺子的习俗，民间流传着“立冬不端饺子碗，冻掉耳朵没人管”的诙谐说法。饺子形似人耳，吃饺子象征着保护耳朵不受严寒侵袭，同时也寓意着岁末年初的更替，家家户户围坐一起包饺子，共享天伦之乐。而在南方部分地区，立冬时节则偏爱喝羊汤。一碗热腾腾的羊汤，肉质鲜嫩，汤汁浓郁，既美味又滋补，驱散了冬日的寒意，滋养了身体。羊汤的香味弥漫在空气中，仿佛是冬日里的一缕阳光，温暖而抚慰人心。

(20) 小雪。

“小雪”是中国传统二十四节气中的第二十个节气。小雪节气由于天气寒冷，降水形式由雨变为雪，但此时由于土地还不是很寒冷，故雪量还不大，所以称为小雪。

在饮食习俗方面，在南方小雪有吃糍粑的习俗。糯米经过蒸煮、捣烂，变得软糯弹牙，再根据各地风俗包裹上豆沙、芝麻或糖浆等各式馅料，形状或圆或扁，象征着团圆与丰收的喜悦。还有一些农家开始做腊肠储存起来，腊肠是广东人最喜欢的传统食物。而“制作腊味”则是小雪节气里另一个不可或缺的传统习俗。随着气温降低，空气干燥，正是制作和晾晒腊肉、腊肠、腊鸭等腊味的最佳时期。这些腊味经过精心腌制与风干，风味独特，肉质紧实。每当小雪来临，家家户户悬挂起一串串腊味，为冬日的餐桌增添了一份丰盛，营造出浓厚的节日氛围和生活情趣。在东南沿海浙江一带还有腌菜的习俗，腌制到来年春季开吃。

糍粑

（21）大雪。

“大雪”是中国传统二十四节气中的第二十一个节气。大雪节气特点是全国降温，到了这个时段，往往会降大雪，甚至暴雪。北方出现“千里冰封，万里雪飘”的景象，进入隆冬时节。

涮羊肉

在饮食习俗方面，“喝红豆粥”是许多地区大雪节气的传统习惯。一碗热腾腾的红豆粥，色泽诱人，甜而不腻，不仅能够迅速温暖身体，还能补充因寒冷消耗的能量，让人从内而外感受到温暖与舒适。而“吃羊肉”则是大雪时节不可或缺的滋补习俗。羊肉性温，历来被视为冬季进补的佳品，能够有效抵御寒冷。尤其是在北方，一锅热气腾腾的羊肉汤，香气四溢，朋友们围炉而坐，谈笑风生，不仅驱散了身体的寒气，也拉近了彼此的心灵距离，展现了中华民族“以食会友”的独特文化魅力。在四川、湖南、广东一带有腌腊肉习俗，此时腌的腊肉不容易变质。

（22）冬至。

“冬至”是中国传统二十四节气中的第二十二个节气。冬至这天，北半球白昼达到最短，黑夜最长。过了冬至以后，白昼将逐渐变长。冬至也是中华民族的一个传统节日，又称为南至、冬节、压岁。

冬至美食

北方地区冬至习俗要吃饺子，大部分南方地区习俗是吃汤圆。饺子、汤圆包裹着各式各样的馅料，热气腾腾，象征着团圆和温暖，一口咬下，满是家的味道和对健康的祈愿。还有广东部分地区要吃团圆饭，在团圆饭上鸡鸭鱼是不可缺少的。山东冬至喝羊肉汤则是一种独特而古老的习俗。一碗浓香四溢的羊肉汤，搭配着鲜美的羊肉和温补的药材，不仅能够暖身暖胃，还能在寒冷的冬日里给人带来由内而外的温暖。

（23）小寒。

“小寒”是中国传统二十四节气中的第二十三个节气。小寒，从字面意义上看，表示小的寒冷，还没到最冷的程度，大寒应该最冷，但是实际上我国大部分地区最冷的节气却是小寒。俗语讲“冷在三九”，三九就在小寒之内，因此有“小寒胜大寒”的说法。

腊八粥

在饮食习俗方面，腊八粥是小寒时节最具代表性的传统食物之一。每年小寒临近腊八节，家家户户都会精心熬制这一碗五谷杂粮的盛宴。黄米、白米、红豆、绿豆、花生、核桃仁、红枣……多种食材汇聚一锅，色彩斑斓，香气扑鼻。一碗热腾腾的腊八粥下肚，不仅能够暖身驱寒，还能滋补脾胃。在小寒节气探梅、访梅是一件雅事。此时蜡梅已开，红梅含苞待放，正是观赏梅花的好时节。小寒时节还可涮羊肉火锅、吃糖炒栗子、烤白薯等。

（24）大寒。

“大寒”是中国传统二十四节气中的第二十四个节气，是一年里最后一个节气，也意味着新的一年即将来临。在大寒至立春这段时间，有很多重要的节日，如尾牙祭、祭灶、小年和除夕等，有时甚至连春节也处在这一节气中。

八宝饭

这一节气中，比较重要的一环就是补，八宝饭、糯米饭、黄芪炖仔鸡、羊肉炖白萝卜、红杞田七鸡等都是百姓餐桌上必备的佳品。八宝饭，以其色彩斑斓、香甜软糯而闻名，是大寒时节极具代表性的一道传统美食。通常由糯米、红豆、莲子、红枣、核桃、桂圆等多种干果和蜜饯混合制成，再浇上一层浓郁的糖汁。它能够为人体提供充足的能量，帮助抵御寒冷，温暖身心。糯米饭，常常会加入腊肉、香菇、花生等配料，通过长时间的慢火蒸煮而成，让各种食材的香味充分融合，这道菜肴既美味又滋补，因此成为许多地方大寒时节必吃的一道佳肴。

第四章

园区资源

一 植物资源

（一）热带能源植物

“雨林骄子”——橡胶树

橡胶树为大戟科橡胶树属植物，原产于亚马孙森林。在我国主要分布于海南、云南、广东、广西、福建等地区。天然橡胶是全球性战略物资，是重要的工业原材料，与煤炭、钢铁、石油并称为四大基础工业原料，约 70 000 种工业产品应用到天然橡胶。我国自 1904 年引入天然橡胶至今，种植橡胶面积已超过 1 700 万亩，年产干胶超 80 万吨。目前，我国已是世界第四大天然橡胶种植国。

橡胶林

中国热带农业科学院湛江实验站主要开展橡胶树抗寒种质资源收集保存、品种选育、种苗繁育、栽培割胶、病虫害防治等技术集成研究，选育出湛试 32713 等 6 个橡胶树抗寒品种，有效促进了我国北部植胶区良种化进程，推动了我国橡胶树种植北移。

橡胶树种苗

通常所说的天然橡胶是从巴西橡胶树上采集的天然胶乳，经过凝固、干燥等加工工序而制成的弹性固状物。因其具有弹性强、绝缘性好、可塑性强、隔水强、隔气性强、抗拉和耐磨等特点，广泛被运用于各行各业。

橡胶

如日常生活中的雨鞋、暖水袋；医疗行业的生产手套、输血管；交通运输上的各种轮胎；工业上的传送带、运输带、耐酸和耐碱手套；农业上的排灌胶管、氨水袋；气象测量用的探空气球；国防上的飞机、坦克、大炮、火箭、卫星等高精尖科技产品都离不开天然橡胶。橡胶种子榨油可制造油漆和肥皂；橡胶果壳可制作优质纤维、活性炭等；橡胶树木材可制作高级家具、纤维板、胶合板等。

轮胎

（二）热带粮食作物

1. 五谷之首——水稻

水稻，别名稻、稻子、稻谷，禾本科稻属谷类作物。水稻是我国主要的粮食作物之一，也是世界上最重要的粮食作物之一，全球一半以上的人口以稻米为主要食物来源，主要在亚洲、欧洲南部和热带美洲及非洲部分地区。它在中国的种植历史已经有5 000多年，同时也是中国现代农业的基石。

水稻按生长期长短的不同，分为早稻、中稻和晚稻。早稻指生长期较短、收获期较早，通常 7 月中旬收获。中稻指处于早熟类型和晚熟类型之间，一般在早秋季节成熟。晚稻指生育期较长，成熟季节较迟，成熟灌浆期正值晚秋。

水稻按生物学特性的不同，分为籼稻和粳稻。籼稻的植株较高，质地较软，分蘖松散，为耐热短日性生态型，产于中国广东、广西、云南、海南、福建和秦岭以南较低海拔地区种植，海拔 1 800 米是籼稻亚种分布的上限。

水稻

粳稻的植株较矮，质地较硬，分蘖直立，主产中国黄河流域、北部和东北部；在南方则分布于海拔 1 800 米以上，较耐冷寒，是为中纬度和较高海拔地区发展形成的亚种。

水稻按淀粉性质的不同，分为粘稻和糯稻。

水稻按栽种地区土壤水分的不同，分为水稻和陆稻。

水稻

陆稻

水稻按使用功能不同，可分为香稻、功能稻、有色稻等。香稻指可以散发出香味的水稻品种，其茎、叶、花、米粒均可以产生香味。不同的香稻类型具有不同的香型，用香稻做的米饭会散发出很甜的味道。营养稻指利用基因科技的方法对水稻进行品种改良，研制富铁水稻、低谷蛋白水稻，以及富含 α-亚麻酸、γ-氨基丁酸等功能营养型的水稻。有色稻主要包括红米、黑米和绿米，有色稻米的色素都积聚于颖果果皮内很薄的一层种皮细胞中，由于加工成精米时果皮、种皮和胚都会被碾去，所以市场上出售的有色稻米都是糙米。

有色稻

2. 饲料之王——玉米

玉米，又叫玉蜀黍、棒子、苞米、苞谷，为禾本科玉蜀黍属一年生草本植物，原产于中美洲，世界热带和温带地区广泛栽培。7 000 年前，古印第安人将野生大刍草驯化成为玉米，成为养育全世界人口的重要作物之一。玉米是全世界总产量最高的农作物，其种植面积仅次于水稻和小麦。玉米是我国第一大粮食作物，总产量高达 2.7 亿吨，居世界第二位。广东甜玉米占全国种植面积的 60% 以上。

玉米

玉米素有长寿美食之称，富含蛋白质、糖类、脂肪、胡萝卜素、维生素 B 族、卵磷脂、维生素 E、钙、磷、铁等营养物质，并含有人体需要的谷胱甘肽和玉米黄质两种特殊的营养物质。玉米可以制成许多种食品，如玉米粥、爆米花、玉米饮料、玉米饼、面包、糕点、面条等。玉米为“饲料之王”，是世界上最便宜的动物饲料之一。玉米还广泛应用于工业，如医药领域的淀粉糖、石油化工的乙醇汽油，生产玉米油、色拉油、玉米味精等。

玉米汁

玉米根据籽粒颜色，分为黄玉米、白玉米、黑玉米、糯玉米、杂玉米。根据市场用途，分为饲料玉米、淀粉玉米、鲜食玉米、青饲玉米、爆粒玉米、高油玉米、蛋白玉米、粮饲兼用玉米。中国热带农业科学院湛江实验站培育了甜玉米和糯玉米自交系10个，科技支撑粤西玉米产业的健康发展。

甜玉米：含有蔗糖和葡萄糖，甜玉米富含蛋白质、维生素及多种氨基酸，营养价值高，可以生食，也可煮熟当蔬菜。

黑玉米：蛋白质和淀粉含量较高，含有黑色素、花青素，具有抗氧化、抗衰老的功效，被称为“口服的化妆品”。

甜玉米

黑玉米

糯玉米：碳水、淀粉含量高，吸收率较高，易消化。糯玉米口感好，饱腹感强，也是减肥首选食物。

白玉米：性平、味甘淡，具有益肺宁心、健脾开胃、防癌、降胆固醇、健脑、利尿、利胆、降血压、降血脂的功效。

黏玉米

白玉米

3. 地下粮食——薯类

薯类又称为"根茎类作物"，品种十分丰富，常见的薯类有甘薯、马铃薯、木薯、山药、芋头、豆薯、魔芋等，是重要的健康粮食、蔬菜兼用食物。

（1）甘薯。

甘薯，又名地瓜、番薯、红薯、甜薯，旋花科薯蓣属缠绕草质藤本。栽培面积以亚洲最多，中国是世界上最大的甘薯生产国。甘薯营养丰富，富含淀粉、糖类、蛋白质、维生素、纤维素以及各种氨基酸，是非常好的营养食品；适当食用甘薯可以保持血液中酸碱度平衡。作为主食可直接食用，茎蔓的嫩尖可作蔬菜用，块根和茎叶是牲畜的上好饲料。作为副食可制成各种食品或食品添加剂，作为原料的工业已遍及食品、化工、医疗、造纸等 400 多种产品。以"遂溪甘薯"为代表的湛江甘薯品牌已走上全国各地老百姓的餐桌。

红薯

紫薯

（2）马铃薯。

马铃薯，又名土豆、山药蛋、洋芋等，茄科茄属一年生草本植物。原产热带美洲的山地，全世界 2/3 以上的国家种植马铃薯，马铃薯已有上万年的食用历史，富含蛋白质、胡萝卜素、维生素 C、钾和无机盐，被营养学家们称为“十全十美的食品”。它既可作粮食，又可作蔬菜，素有“地下苹果”和“第二面包”的美誉。

马铃薯

（3）木薯。

木薯，大戟科木薯属植物，世界三大薯类之一，是世界热区多个国家的主粮，是燃料乙醇工业和天然胶黏剂工业的重要原料。原产巴西，我国广西、广东、海南、云南等热带省区有栽培。

木薯有肉质长圆柱形块根，块根肉质富含淀粉，主要用途是食用、饲用和工业开发利用，是热带湿地低收入农户的主要食用作物。木薯粗粉、叶片是一种高能量的饲料成分。木薯是工业淀粉原料之一，木薯淀粉或干片可制酒精、柠檬酸、谷氨酸、赖氨酸、木薯蛋白质、葡萄糖、果糖等，在食品、饮料、医药、纺织（染布）、造纸等方面均有重要用途。

木薯

（4）芋头。

芋头，又称青芋、芋艿、毛芋头，天南星科芋属植物，为湿生草本植物。芋头无论是煮、蒸、烤、烧、炒、烩、炸均可，营养丰富又美味，其膳食纤维含量较为丰富，是一种很好的碱性食物。多吃芋头能增进食欲、促进消化、润肺止渴、消烦除燥。

（5）山药。

山药，又名怀山药、淮山药、土薯等，为薯蓣科薯蓣属植物薯蓣的块茎，多年生草本植物。山药有铁棍山药、广山药、麻山药、细毛山药、牛腿山药、紫山药等品种，是“四大怀药”之一，具有免疫调节、抗肿瘤、抗氧化、抗衰老、降血糖、降血脂及调脾胃等多种功效，被誉为“长寿之药”。

芋头

山药

（6）豆薯。

豆薯，又名沙葛、凉薯、新罗葛、白土瓜，豆科豆薯属植物，原产热带和亚热带，为蔓生草本植物。地下块根似番薯状，生熟均可吃，生吃味甜，可当水果，煮炒可做菜，具有清热解毒、利尿排湿的功效。

（7）魔芋。

魔芋，天南星科魔芋属多年生草本植物，中国古代又称妖芋。自古以来魔芋就有“去肠砂”之称，具有消肿去毒的作用。含有丰富的碳水化合物，热量较低，有很强的吸水膨胀性、乳化性、增稠性和凝胶性等特点，可以制成魔芋豆腐，魔芋粉丝。

豆薯

魔芋

（三）热带油料作物

1. 长生之果——花生

花生又名落花生，别名长生果、地豆、番豆笃。属蝶形花科落花生属一年生草本植物。原产于南美洲一带，世界上栽培花生的国家有 100 多个，亚洲最为普遍，次为非洲。自古以来，因具有滋补益寿功效，在我国被誉为“长生果”，并和黄豆一样被称为“植物肉”“素中之荤”。

花生是全球五大油料作物之一，也是我国食用油脂和蛋白质的重要来源，占全国油料总产量的一半左右。我国 20 多个省（区、市）广泛种植，种植面积约 400 万公顷，居世界第二；花生产量超过 1 800 万吨，居世界第一。

花生按外壳和果仁颜色分类，可分红花生、黄花生、紫花生、白花生、黑花生等。按用途分，可分为油用、加工用、鲜食用、菜用、药用等类型。中国热带农业科学院湛江实验站培育了适宜鲜食的花生新品系 6 个（甜花生和黑花生），适宜油用的花生新品系 9 个，科技支撑广东花生产业高质量发展。

花生

花生果富含维生素、钙、铁和氨基酸等，促进脑细胞发育，增强记忆的功能；脂肪含量 44%～45%，是优质的食用油；蛋白质含量 24%～36%，可以炒、炸、煮食，制成花生酥、糖果、糕点等食品；利用花生粕、花生红衣、花生壳等副产物，可开发花生蛋白、花生多肽、原花青素、多酚、功能油脂等高附加值产品；还用于印染、造纸工业。花生能降低胆固醇，延缓人体衰老，促进儿童骨骼发育，预防肿瘤等药用价值和保健功能，适用于营养不良、脾胃失调、咳嗽痰喘、乳汁缺少等症。

2. 木本油料之王——油茶

油茶，别名茶子树，山茶科山茶属小乔木或灌木植物，有“木本油料之王”美称。我国热带、亚热带均有种植，种植面积 7 000 多万亩，榨油历史 2 300 多年。种子榨取茶油被誉为“东方橄榄油”“油中软黄金”，不饱和脂肪酸含量达到 90% 以上，能有效预防和治疗高血压和心血管系统疾病、延缓衰老等，亦可制成针剂与药、化妆品。果壳可提取木糖醇、皂素等工业原料，制作活性炭和用作食用菌类培养基料；枝、叶、果实提取物是优秀的抗菌达人；种子榨油后的渣滓可用来护发养发或做植物肥料。

油茶

（四）热带糖料作物

1. 甜蜜作物——甘蔗

甘蔗，别名为果蔗、紫叶蔗、黑蔗等，禾本科甘蔗属多年生高大实心草本植物，被称作果中佳品，有“脾果”“补血果”的美誉。我国南方热带地区广泛种植，是全世界热带糖料生产国的主要经济作物，在世界食糖总产量中，蔗糖约占 65%，中国则占 80% 以上。我国是食糖第一大进口国、第二大消费国及第四大生产国。

甘蔗

甘蔗一般分为以下几类。

果蔗：专供鲜食的甘蔗，有黑皮果蔗、黄皮果蔗和青皮果蔗。

黑皮果蔗

黄皮果蔗

青皮果蔗

糖蔗：含糖量高，用来制糖的原料，偶尔鲜食。

饲料蔗：作为草食动物的青饲料，生物质产量高。

能源蔗：茎秆汁液中的可发酵糖含量较高，可用于生产燃料乙醇。

纤维蔗：纤维素等含量较高，可用于造纸。

甘蔗是制糖的主要原料。糖是人类必需的食用品之一，也是糖果、饮料等食品工业的重要原料。同时，甘蔗还是轻工、化工和能源的重要原料。甘蔗还可制成蔗糖、果葡糖浆等。蔗渣、废蜜和滤泥等可制成纸张、纤维板、糠醛、饲料、食用品培养基、酒精等。蔗梢、蔗叶可作牛羊等反刍动物的饲料；糖厂排出的废渣、废液又可作甘蔗的肥料。

甘蔗的含铁量高，具有清热解毒、生津止渴和胃止呕、滋阴润燥等功效，主治口干舌燥、津液不足、小便不利、大便燥结、消化不良、反胃呕吐、高热烦渴等。

2. 天然糖库——糖棕

糖棕

糖棕，棕榈科糖棕属乔木状植物。原产亚洲热带地区和非洲，我国云南、广东、海南等热带地区可种植。糖棕可割花序梗取汁液制糖、酿酒、制醋和饮料。叶片可用来刻写文字或经文、盖屋顶、编席子和篮子，作绿肥；果实未熟时在种子里呈凝胶状胚乳可食用；成熟的糖棕果可直接食用或拿来做甜点；树干外面的木质坚硬部分可用来制作椽子、木桩和围栏，制作输水管、水槽等。棕糖是用糖棕的花蜜慢慢熬制而成的一种粗糖。这种糖甜而不腻，营养含量高，有平衡血糖血脂的神奇功效。

（五）热带饲料作物

我国南方大部分属典型的亚热带季风湿润气候，水热条件好，且高温多雨同期，籽实作物复种指数高，营养体作物生长期长，是高产饲草种植的优势区域。

饲草

家畜喜食热带饲草主要分布在禾本科和豆科，包括王草、柱花草、象草、苏丹草、臂形草、坚尼草、大翼豆、黑籽雀稗、狼尾草、木豆、银合欢、田菁、玉米草等。研发富含粗纤维、蛋白质和能量的饲草新品种是发展饲养产业的重点，富含能量和高蛋白质饲草有利于提升瘤胃微生物功能，高纤维含量饲草可能会抑制瘤胃消化功能。

热带饲草

1. 热带草王——王草

王草，别名皇竹草，禾本科狼尾草属多年生高秆禾草。我国海南、广东、广西广泛栽培，江苏、福建、云南、湖南引种栽培。王草适于刈割青饲或调制青贮饲料，是牛、羊、兔、鱼、鹅等草食动物的良好饲料。王草再生性好，产草量高，每亩年草量

2 万～3 万千克，有“热带草王”之称；营养价值高，适口性好，植株叶多茎少，茎秆富含汁液、糖分，叶质柔软、少刺毛；抗逆性强，适应性广，能在多种土壤下生长；易于繁殖，使用年限长，繁殖系数高。

王草

2. 牧草之王——柱花草

柱花草，豆科多年丛生性草本植物，原产于南美洲，约 50 个品种。因其产量高、草质好、易于种植等特点，成为热带和亚热带地区广泛种植的优良牧草，并有“北有苜蓿，南有柱花草”之美誉。

热研 20 号柱花草是优质的豆科牧草，年均干草产量达 1.5 吨 / 亩，营养生长期含粗蛋白 21.01%，粗脂肪 5.73%，粗纤维 21.65%，无氮浸出物 18.18%，具有适应性强、耐酸瘠土壤、品质好、产量高、营养丰富等特点，常用于果园间作和混播草地建植。

柱花草

3. 热带豆宝——木豆

木豆，别名为豆蓉、扭豆、山豆根等，豆科木豆属直立灌木，原产地为印度，我国分布于南部及西南部。木豆是世界第六大食用豆类，也是唯一的木本食用豆类，被称为“穷人的肉”，生长速度快，2—11 月开花结果。木豆是很好的防风固沙和水土保持树种，也是紫胶虫的优良寄主植物；叶是优质动物饲料、绿肥；花是很好的蜜源植物；枝条可编织筐篮；茎干是优质造纸原料；种子可制豆腐，又可做糕点的馅，广州称为豆蓉。木豆也是一味中药，具有利湿、消肿、散瘀、止血的功效。

木豆

4. 绿肥先锋——田菁

田菁，别名向天蜈蚣，豆科田菁属一年生亚灌木状草本。我国广东、广西、云南等地有栽培。田菁是一种优良的夏季绿肥作物，由于固氮能力较强，植株养分含量丰富，翻压后可改土增产，特别是在低洼易涝的盐碱地区效果显著。田菁也可作为庭园观赏植物，花果期7—12月。鲜茎叶还可作为饲料使用。种子含有丰富的半乳甘露聚糖胶，可供多种工业利用。茎秆表皮纤维可剥制麻，茎秆是造纸的原料。树皮入药用于清热解毒，有消肿散结的功效；叶能治尿道炎、毒蛇咬伤；根可除湿解毒、治糖尿病等。

田菁

（六）热带香料作物

1. 天然香料——芳香植物

芳香植物指具有香气和可供提取芳香油的栽培植物和野生植物的总称。全世界已发现芳香植物1 500多种，大多分布在热带和亚热带地区。

芳香植物指在根、茎、叶、花、果、种子中有芳香成分的各类植物。主要的芳香植物有香草植物、香花植物、香树植物、香果植物、芳香蔬菜。芳香植物是我们日常生活中不可缺少的调味料、食用品，如“十三香”等。“十三香”有多种制作配方，一般由花椒、白豆蔻、砂仁、肉蔻、肉桂、丁香、八角、茴香、木香、白芷、沙姜、良姜等多种香料组成。

（1）花椒。

花椒，别名为巴椒、臭花椒等，芸香科花椒属落叶小乔木多年生芳香植物，位列调料“十三香”之首，素有“调味之王”的美誉，有温中行气、逐寒、止痛、杀虫等功效。

花椒

（2）白豆蔻。

白豆蔻，姜科豆蔻属芳香植物，其独特的芳香与丰富的药用价值赢得了“香中之宝”的美誉。其味辛、性温，具有化湿行气、温中止呕、开胃消食等功效。

（3）砂仁。

砂仁，为姜科砂仁属芳香植物。为阳春砂、绿壳砂或海南砂的干燥成熟果实，具有化湿开胃、健脾止泻、理气安胎之功效。

白豆蔻

砂仁

（4）陈皮。

陈皮，为芸香科植物橘及其栽培变种的干燥成熟果皮，有川陈皮、广陈皮等，广陈皮中以“新会陈皮”为上品，是国家地理标志产品，具有理气健脾、燥湿化痰之功效。

（5）肉豆蔻。

肉豆蔻，肉豆蔻科肉豆蔻属芳香植物，为热带地区著名的香料和药用植物，将假种皮捣碎加入凉菜或其他腌渍品中作为调味食用，药用可用于治虚泻冷痢、脘腹冷痛、呕吐等。

陈皮

肉豆蔻

（6）肉桂。

肉桂，别名桂皮或玉桂，樟科樟属中等大乔木，肉桂的枝、叶、果实、花梗可提制桂油，其为桂酸等香料原料，可制作矫臭剂、祛风剂、刺激性芳香剂等，具有温中补肾、散寒止痛功效，可治腰膝冷痛、受寒经闭等症。

（7）丁香。

丁香，别名紫丁香，木樨科丁香属芳香植物，在食品、医药、化妆品等领域都有广泛应用，具有温中降逆、补肾助阳之功效。

肉桂

丁香

（8）八角。

八角，俗名为八角茴香、五香八角、大料等，五味子科八角属芳香植物，分布于福建、广西等地，为著名的调味香料，味香甜。也供药用，有祛风理气、和胃调中的功能，用于中寒呕逆、腹部冷痛、胃部胀闷等。

（9）茴香。

茴香是伞形科茴香属草本芳香植物。果实香气浓烈，可制作香料、佐料，供药用，有驱虫、温中理气、健胃止呕、祛寒、兴奋神经等功效。

八角

茴香

（10）木香。

木香，为菊科芳香植物木香的根，气味芳香浓烈而特异，具有行气止痛、健脾消食等功效，还具有抗炎、抗氧化、抗肿瘤等作用。

（11）白芷。

白芷，俗名香白芷、走马芹等，伞形科当归属芳香植物，具有祛风散寒、通窍止痛、消肿排脓、燥湿止带等功效。

木香

白芷

（12）沙姜。

沙姜，也称山柰，是烹饪中的瑰宝。独特的辛辣与浓郁香气，能够巧妙地中和食材中的腥膻之气，为菜肴增添一抹清新脱俗的风味，是粤菜与客家菜不可或缺的调味料。在治疗心腹冷痛、寒湿霍乱等方面有卓越功效。

（13）良姜。

良姜，别名高良姜、高凉姜，姜科山姜属常绿多年生草本芳香植物，是食品行业广泛应用的调味品，具有散寒止痛、温中止呕等功效。

沙姜

良姜

2. 东方香草——斑兰叶

斑兰叶，又名斑斓叶、香兰叶、板兰叶，露兜树科露兜树属多年生草本植物。主栽于斯里兰卡、马来西亚、印度尼西亚等国家，在我国主要分布在海南、云南、广东等省区。斑兰叶是良好的热带林下经济作物。叶片具有独特“粽香”香味，被誉为“东方香草”，富含角鲨烯、亚油酸、叶绿醇、维生素 K_3 等活性成分，广泛应用于食品、饮品、化妆品、保健品等行业，可直接利用或制成粉、浆等商品，具有降低血压、杀菌、退热驱虫、减缓压力、抑制癌细胞等功效。

亚油酸具有降血脂作用，可清除身体内的多余脂肪，具有降低血压、减少血小板凝集和增强红细胞变形等能力。角鲨烯具有极强供氧能力，可抑制癌细胞生成，对胃癌、食管癌、肺癌、卵巢癌等具有明显疗效。草蒿脑具有很强的抗抑郁、杀菌、退热、驱虫、止咳和健胃醒脑等功能。叶绿醇通过酶的作用合成维生素 K_1、维生素 K_3，用于治疗阻塞性黄疸、疸瘘病及新生儿出血病。甾醇具有延缓衰老，预防肿瘤、冠状动脉硬化性心脏病等功效。2- 乙酰 -1- 吡咯啉（2AP）是斑兰叶独特香味的主要来源，能增进食欲，减缓压力，促进精神愉悦。

中国热带农业科学院湛江实验站研发的橡胶林下间作斑兰叶全产业链技术体系，为区域林下经济发展和乡村振兴提供了典型的科技支撑和示范引领。

斑兰叶

3. 琼脂天香——沉香

沉香，别名琼脂、白木香、莞香等，瑞香科沉香属植物。主要分布在海南、广东、广西、云南等热带地区。沉香是瑞香科植物在自然或人工诱导因素下，木质部受到伤害分泌出树脂和树体组织的混合物，从而形成的含树脂木材。沉香是我国传统珍稀药材，具有行气止痛、温中止呕、纳气平喘等功效。沉香也是世界极品香料，位居我国四大香料“沉檀龙麝”之首，具有祛除异味、提神醒脑的作用。海南生产的沉香，素有“琼脂天香”“一片万钱，冠绝天下”的美誉。

沉香

4. 树上蔬菜——香椿

香椿，别名香椿芽、椿天、大红椿树等，楝科香椿属落叶乔木，雌雄异株。香椿的嫩芽和嫩叶是可食用的，营养丰富，是一种时令蔬菜，其独特的口感和香气被称作“树上蔬菜”。一般分为绿香椿和紫香椿两种。前者色绿、香气淡雅，后者色红、香气浓郁。香椿既可以生食也可以熟食，每年春分谷雨时节上市，故有“雨前香椿嫩如丝”之说。香椿也是园林绿化的优选树种，在药用上具有清热解毒、化湿杀虫、收敛止血、止泻止痢的功效。

香椿

5. 中国神姜——高良姜

高良姜，别名高凉姜、良姜，姜科山姜属常绿多年生草本芳香植物。在中国主要分布于广东、海南、广西等地区。高良姜的干燥根茎具有散寒止痛、温中止呕的功效，主治胃寒冷痛、胃寒呕吐。高良姜也是食品行业广泛应用的调味品。广东徐闻是中国良姜最主要的产地，徐闻良姜是中国国家地理标志产品，其中龙塘镇生产的良姜质地最好，在东南亚市场上享有盛誉，有“中国龙塘良姜”之称。

高良姜

6. 调味良伴——香砂

香砂，为姜科植物艳山姜的果实或种子，分布于我国贵州罗甸等东南部至西南部各地，具有化湿开胃、温脾止泻、理气安胎的功效。花期4—6月，果期7—10月。常用于治疗心腹冷痛、胸腹胀满、痰食积滞、消化不良、呕吐腹泻。香砂不仅是常用的中药材，也是人们生活中常用的烹调佐料佳品。

香砂

7. 香料明星——天竺桂

天竺桂，别名大叶天竺桂、天竺香、山肉桂，樟科樟属常绿乔木，国家二级保护植物，分布于我国南方。5月开黄绿色小花，果10—11月成熟，蓝黑色。天竺桂长势强，树冠整齐，叶茂荫浓，气势雄伟，观赏价值高，常用作行道树或庭园树种栽培。其材质优良，可供造船、制家具等用；树皮可供药用及食品香料用；枝、叶、果可蒸制芳香油。天竺桂具有温中散

天竺桂

寒、理气止痛的功效，主治胃痛、腹痛、风湿关节痛，外用治跌打扭伤。

（七）热带饮料作物

饮料植物是指在果实、根、茎、叶和花等植物器官中，有一种或多种可作为原料加工成饮料的植物。饮料植物可以分为花类饮料植物（取花或花蜜、花粉作为饮料原料）、果类饮料植物（以新鲜的或晒干的果实作为饮料原料）和叶类饮料植物（以植物叶作为饮料原料）等。

饮料植物主要有咖啡、可可、金银花、菊花、茉莉花、芦荟、罗汉果、椰子、苦丁茶、百香果、山楂、枸杞、大枣、核桃、桑葚、柠檬、薄荷、大麦等。世界三大饮料植物指的是咖啡、可可和茶树。

饮料植物

1. 魔鬼饮料——咖啡

咖啡树，茜草科多年生常绿灌木或小乔木，园艺性经济作物。原产非洲的埃塞俄比亚，我国云南、广东、海南等热带地区有栽培。咖啡被列为世界三大饮料之首，有“魔鬼饮料”美称。咖啡品种有小粒种（阿拉比卡种）、中粒种（罗布斯塔种）和大粒种（利比里亚种）之分，前者含咖啡因成分低、香味浓，后两者咖啡因含量高，但香味稍差。咖啡是经过烘焙磨粉的咖啡豆制作而来，不仅醇香可口，而且有兴奋神经、驱除疲劳等作用。咖啡碱可用来作麻醉剂、兴奋剂、利尿剂和强心剂；咖啡的果肉可以制糖和制酒精；咖啡花可提取高级香料。

咖啡

2. 神仙饮料——可可

可可为锦葵科可可属常绿乔木，原产美洲热带，广泛栽培于全世界的热带地区，我国台湾 1922 年引种试种成功，现主要种植地在海南。可可是重要的能量补充剂，有“神仙饮料”等美称。用于制作饮品的是经过发酵、焙炒后的种子。可可豆研磨成浆状成为巧克力酱，将巧克力酱再压榨后，可制成可可脂和可可粉，或另外加上可可脂及其他配料，制成各种巧克力食品。

可可

3. 东方神叶——茶树

茶树，山茶科山茶属常绿灌木或小乔木。茶树通常被划分为中国种、阿萨姆种和印度种三个变种。中国是世界上最早发现茶树和利用茶树的国家，至今已有五六千年的历史。用于制作饮品的是经过杀青等工序的叶或芽。茶叶按叶片大小，分为特大叶类、大叶类、中叶类、小叶类；按营养芽开采期，分为早芽种、中芽种和晚芽种；按制茶的工艺不同，可以制成绿茶、红茶、白茶、黑茶、乌龙茶、普洱茶等。

茶叶中含有丰富的营养成分和活性物质，现代研究发现，茶叶中富含丰富的维生素类、蛋白质、氨基酸、类脂类、茶多酚、糖类微量元素及矿物质元素，具有软化血管、抗菌消炎、强心解痉、降脂减肥、防治龋齿、抑制动脉硬化等功效与作用。

茶

4. 养生苦茗——苦丁茶

大叶冬青，俗称茶丁茶，冬青科冬青属常绿乔木，主要分布在西南地区及华南地区。茶丁茶入口清香有味苦，而后甘凉，具有清热消暑、明目益智、生津止渴、利尿强心、润喉止咳、降压减肥、抑癌防癌、抗衰老、活血脉等多种功效，素有“保健茶”“美容茶”“减肥茶”“降压茶”“益寿茶”等美称。大叶冬青当药用时，对糖尿病、高血压、高血脂等疾病有非常好的疗效，能消除口臭和增强人体免疫力。

大叶冬青

5. 饮料之王——百香果

百香果，别名洋石榴、紫果西番莲，西番莲科西番莲属草质藤植物，有“饮料之王”的美誉。原产南美洲热带，我国南方均有种植。百香果果实营养丰富，且能长期挂果，全年可采，果实外观椭球形，形似鸡蛋，果汁香气浓郁，具有菠萝、草莓、香蕉、番石榴、柠檬等多种水果的香味。果实成熟时呈紫色或者金色，果肉橙黄色，种子极多，果瓤多汁液，口感偏酸，可制成饮料、果冻、果酱。

百香果

（八）热带药用植物

1. 四大南药——槟榔

槟榔，别名榔玉、槟楠等，棕榈科槟榔属常绿乔木，是重要药用植物之一，为我国四大南药之一。原产马来西亚，我国主要分布海南、台湾、福建、广东、广西等地。槟榔居四大南药之首，种子、果皮、花都可入药。具有杀虫、破积、降气行滞、行水化

槟榔

湿等功效，可治疗绦虫、钩虫、蛔虫、蛲虫等寄生虫感染。槟榔碱有固齿杀菌、消化积食、去水肿、消脚气的功效。中国海南、台湾、湖南等地群众自古就有咀嚼槟榔的习惯。

2. 四大南药——益智

益智，别名为益智仁、益智子，姜科山姜属多年生草本植物。益智为我国四大南药之一，多生长在阴湿的橡胶树等林下环境，种植以海南及广东南部地区为主，定植后2～3年开花结果，亩产15～20千克。益智的药用部分主要为果实，也叫益智仁，具有温脾止泻、摄涎、暖肾、缩尿、固精的功效，常被用于治疗脾胃虚寒、呕吐、泄泻、腹中冷痛、口多垂涎、肾虚遗尿、尿频、遗精以及白浊等症状。在食疗上被广泛应用于各种菜谱之中，具有温脾补肾的功效。

益智

3. 四大南药——砂仁

砂仁，别名缩砂仁、缩砂密、缩砂蓉，姜科豆蔻属多年生草本植物，主要有阳春砂、绿壳砂或海南砂。分布于中国福建、广东、广西和云南，是我国四大南药之一。生于山地阴湿之处，砂仁适合于橡胶林下间作，5—6月开花，8—9月结果，初夏可赏花，盛夏可观果。果实是常用的一味芳香性药材，被视为“医林珍品”。砂仁种子多角形，有浓郁的香气，味苦凉，主治脾胃气滞、宿食不消、腹痛痞胀、噎膈呕吐、寒泻冷痢。“阳春砂仁”是广东驰名中外的特产，古代被列为贡品。

砂仁

4. 四大南药——巴戟天

巴戟天，又名鸡肠风、鸡眼藤、黑藤钻等，茜草科巴戟天属缠绕藤本植物。巴戟天以根入药，是岭南道地药材，为我国四大南药之一，民间素有“北有人参，南有巴戟天”的说法。主产于广东、广西等地，多生长在阴湿的橡胶树等林下环境，栽种6～

7年可采收。其形如鸡肠，故名"鸡肠风"，在《神农本草经》中被列为上品。巴戟天是常用的药食同源药材，可入药、煲汤、浸酒等，是补肾阳、强筋骨、祛风湿的药膳佳品，还可用于降压，并有一定的安定利尿作用。

巴戟天

5. 广东人参——五指毛桃

五指毛桃，别名佛掌榕、粗叶榕、五指牛奶、五爪龙、土黄芪、南芪等，桑科榕属灌木植物。分布于广东、广西、云南、贵州等地。五指毛桃为岭南常用草药，享有"广东人参"的美誉。五指毛桃适合于橡胶林下间作，一般需要2～3年才可以采收。以根入药，含氨基酸、糖类、甾体、香豆精等，一般用此种药材来煲汤，有特殊的椰子香味，具有祛暑、舒筋化湿、益气健脾之功效，主治自汗、腰痛、风湿痹痛、脾虚浮肿和慢性支气管炎等。

五指毛桃

6. 中药苦王——穿心莲

穿心莲，别名春莲秋柳、印度草、斩蛇草、苦草等，爵床科穿心莲属一年生草本植物。广泛分布于热带、亚热带区域，在我国南方省份均有栽培，可在幼龄橡胶树下栽种。穿心莲是一味常用中药材，它的叶子、汁液、茎皮、根都是苦的，民间称为"中药苦王"，只要含上一小片叶子，马上就能够感受到那种刻骨铭心的苦味，主治感冒发热、咽喉肿痛、口舌生疮、热淋涩痛、痈肿疮疡、蛇虫咬伤。

穿心莲

7. 滋补圣草——太子参

太子参

太子参，别名孩儿参、童参、双批七，石竹科孩儿参属多年生草本植物。太子参是一种名贵的中药材，主产于贵州、福建、江苏、安徽等，多半野生于阴湿山坡的岩石缝隙和枯枝落叶层中，可在疏松富含腐殖质、排水良好的橡胶树下栽种，块根细长纺锤形或细长条形。具有补气生津，健脾益肺的功效，可用于治疗脾虚体倦、食欲不振、小儿虚汗、气阴不足、燥热伤肺、气阴两虚、病后虚弱、自汗口渴、肺燥、干咳等病症。

8. 野姜之王——山姜

山姜

山姜，别称箭杆风、九姜连、九龙盘、鸡爪莲，姜科山姜属多年生草本植物，主要分布于华南地区。山姜生于林下阴湿处，叶似姜，花赤色，子似草豆蔻，根如高良姜。山姜适合于橡胶林下间作，花期4—8月，果期7—12月。果实芳香性健胃药，治消化不良，腹痛、呕吐、噫气，慢性下痢。在浙江、福建亦有报道以该品代砂仁用。根茎可祛湿、消肿、活血通络，一般可用于治风湿性关节炎、胃气痛、跌打损伤。

9. 黄金香料——姜黄

姜黄

姜黄，又名郁金、宝鼎香、毫命、黄姜等，姜科姜黄属多年生草本植物。产于我国台湾、福建、广东、广西、云南、西藏等地。姜黄喜温暖湿润的气候，适合于幼龄橡胶林下间作，花期8月，秋冬采挖，根茎呈不规则卵圆形、圆柱形或纺锤形，表面深黄色。姜黄能行气破瘀、通经止痛，主治胸腹胀痛、肩臂痹痛、心痛难忍、产后血痛、疮癣初发、月经不调、闭经、跌打损伤；又可提取黄色食用染料；所含姜黄素可作为分析化学试剂。

10. 止咳良药——百部

百部，亦称婆妇草、药虱药，百部科百部属多年生草本植物。分布于日本以及中国南部地区。百部喜较温暖、潮湿、阴凉环境，适合于橡胶林下间作，花期5—7月，果期7—10月。地下簇生纺锤状肉质块根，茎上部攀缘他物上升。块根可入药，外用可驱除蚊虫，适用于治疗皮肤疥癣、湿疹、牛皮癣、遍身黄肿、皮炎、湿疹等症；内服有止咳的功能，用于治疗肺结核、长期咳嗽、肺痨咳嗽、百日咳、哮喘等症。亦有单用百部浸酒，外搽治丘疹性荨麻疹；或用95%的乙醇百部浸剂，治酒渣鼻。

百部

11. 润肺仙草——天门冬

天门冬，别名三百棒、武竹、丝冬、老虎尾巴根、天冬草，百合科天门冬属多年生草本植物。分布于我国温带、热带地区，多生长于山野林缘阴湿地、丘陵地灌木丛中或山坡草丛。天门冬根部纺锤状，一般在秋、冬季采挖，洗净，除去须根，置沸水中煮或蒸至透心，趁热除去外皮，洗净，晒干备用。天门冬的块根是常用的中药，具有很高的药用价值，用于治疗肺燥干咳、顿咳痰黏、咽干口渴、肠燥便秘。

天门冬

（九）热带纤维作物

1. 纤维之王——剑麻

剑麻，又名菠萝麻，龙舌兰科龙舌兰属，是一种多年生长的热带硬质叶纤维作物。剑麻原产墨西哥，主要在非洲、拉丁美洲、亚洲等地种植，是世界用量最大、范围最广的一种硬质纤维。

剑麻具有环境适应能力强、美化绿化效果好、净化空气能力强、经济价值好等特点，广泛用于园林绿化等方面。主要的观赏剑麻品种有：金边番麻、银边假菠萝麻、银边东1号麻、银边龙舌兰、假菠萝麻、千寿兰、丝兰、凤尾兰等。剑麻常年浓绿，花、叶皆美，树态奇特，数株成丛，高低不一，叶形如剑，开花时花茎高耸挺立，花色洁白，姿态优美，花期持久，幽香宜人，是良好的庭园观赏树木。剑麻纤维本身具有较好的光泽，且自身弹性比较大，拉力也很强，有较好的耐盐碱以及摩擦性能，在干湿环境之下都具有伸缩性不大的优点，因此可用于制造缆绳、飞机汽车的轮胎内层、机器的传送带、起重机吊绳钢索中的绳心。

在农业生产利用上，畜禽的饲养材料和农作物的肥料等农副产品也被广泛地综合使用到剑麻的麻叶渣上。充分利用麻叶渣的价值，还可以制取酒精、草酸、果胶等产品。剑麻的花和茎汁液还可用来酿酒以及制糖等。剑麻皂素是合成甾体激素类药物的医药中间体和重要原料，广泛应用于生产肾上腺皮质激素、性激素及蛋白同化激素三大类200多种药物。

剑麻

2. 蚕业之基——桑树

桑树，桑科桑属植物，全国各地均有栽培。中国是桑树的故乡，被誉为“桑蚕之国”。桑树浑身是宝，一年四季均可用，春用桑枝，夏吃桑葚，秋收桑叶，冬用根皮。桑树树皮纤维柔细，可作纺织原料、造纸原料；叶为养蚕的主要饲料，也可食用，在糕点、挂面等食品中应用广泛，桑叶芽晒干泡茶；木材可制家具、乐器、雕刻等；桑葚可以酿酒，每年4—6月果实成熟时采收，晒干或略蒸后晒干食用，也可来泡酒；成熟的桑葚质油润，酸甜适口，以个大、肉厚、色紫红、糖分足者为佳。各部位均可入药，桑叶可降血糖、降血脂、降低胆固醇；桑枝主治风湿痹症；桑葚主治眩晕耳鸣、心悸失眠；桑皮可泻肺平喘、利水消肿。

桑

（十）热带果树

1. 智慧之果——香蕉

香蕉，芭蕉科芭蕉属植物。原产亚洲东南部，我国台湾、海南、广东、广西等地均有栽培。常见的有皇帝蕉、金手指、小米蕉、红皮蕉、苹果蕉、芝麻蕉、粉蕉、芭蕉、牛角蕉等。植株结果后枯死，长出吸根继续繁殖。果肉香甜软滑，因含有的泛酸能解除忧郁而称为“快乐水果”；因含有丰富的磷、蛋白质、糖、钾、维生素 A 等，故又被称为“智慧之果”；香蕉还是减肥佳果，能促进肠胃蠕动、润肠通便、润肺止咳、清热解毒，有助消化和滋补的作用；睡前吃香蕉，还有镇静的作用，是高血压患者的首选水果。

香蕉

2. 热带果王——芒果

芒果，别名杧果、檬果，漆树科杧果属常绿乔木。原产于印度及马来西亚，我国南方有栽培，素有“热带果王”之美誉，为世界五大水果之一，因其独特的香味受到消费者的喜爱。我国芒果品种众多，比如金煌芒、大青芒、鹰嘴芒、台芒、凯特芒、贵妃芒、象牙芒等。芒果果实呈椭圆形或圆形，果皮为绿色或黄色，果肉为浅黄色或橙色，果肉质地柔软多汁，味道甘甜香浓，富含维生素 C、钾、胡萝卜素、镁、硒、膳食纤维等，具有抗氧化、降低胆固醇、改善视力、增强免疫力等多种神奇功效。

芒果

3. 热带水果皇后——波罗蜜

波罗蜜，又称菠萝蜜、树菠萝、木菠萝，桑科波罗蜜属常绿乔木，属热带果树，也是木本粮食作物，被誉为“热带水果皇后”。原产印度西高止山，我国广东、海南等热带地区有栽培。波罗蜜是世界上最重的水果，单个可重达 50 千克。有干苞和湿苞 2 种类型，果肉鲜食或加工成罐头、果脯、果汁；种子富含淀粉，可煮食或制作面包；树液和叶可药用，消肿解毒；果肉有止渴、通乳、补中益气等功效；上百年的波罗蜜树，木质金黄、材质坚硬，可制作家具，也可作黄色染料。

波罗蜜

4. 生命之树——椰子

椰子，棕榈科椰子属植物。原产于亚洲东南部、印度尼西亚至太平洋群岛，我国海南、广东南部、台湾及云南南部热带地区有栽培。椰子果肉具有补虚强壮、益气祛风、消疳杀虫的功效，久食能令人面部润泽，益人气力及耐受饥饿；椰水具有滋补、清暑解渴的功效，主治暑热饥渴、津液不足之口渴；椰子壳油可治癣。椰子全身是宝，椰肉可榨油、生食、做菜，也可制成椰奶、椰蓉、椰丝等，椰纤维可制毛刷、地毯、缆绳等，椰壳可制工艺品、高级活性炭，叶子可盖屋顶或编织，椰子根可入药，椰子水是组织培养的良好促进剂。

椰子

5. 热带金钻——菠萝

菠萝，别名凤梨、草菠萝、地菠萝等，凤梨科凤梨属植物，为岭南四大名果之一。原产美洲热带地区，我国福建、广东、海南、广西、云南有栽培。通常菠萝品种分卡因类、皇后类、西班牙类和杂交种类。果既可鲜食，又可炒菜，还可加工成菠萝罐头、菠萝果汁等，副产品可制糖、酒精、味精、柠檬酸等。菠萝是人们喜爱的水果，有清热解暑、生津止渴、利小便的功效，可用于清热解暑、增进食欲、利尿消肿、降压降脂、美白牙齿、美容护肤、减肥瘦身。徐闻是我国最大的菠萝产区，被称为“中国菠萝之乡”。

菠萝

6. 果中奶酪——蛋黄果

蛋黄果

蛋黄果，别名仙桃，山榄科蛋黄果属多年生植物，是一种优质的热带水果，原产古巴和南美洲热带，我国海南、广东、广西、云南等热带地区都有栽培。果实呈球形，酷似仙桃。未成熟的蛋黄果外皮为绿色，成熟时黄绿色至金黄色，果肉厚实，富含碳水化合物和膳食纤维，还含有多种维生素和矿物质。肉质柔软疏松，呈金黄或蛋黄色，水分含量较低，富含淀粉，颜色和质地都跟蛋黄很像，有甜香气。果肉果实除作为水果享用外，还可制作果酱、冰奶油、饮料或果酒。

7. 森林黄油——牛油果

牛油果

牛油果，别名鳄梨、樟梨、油梨，樟科鳄梨属植物，原产于热带美洲，我国南方热带地区有栽培。牛油果是一种经济价值极高的世界著名热带水果和木本油料树种，因其果肉富含脂肪，素有“森林黄油”的美誉。果实营养价值极高，脂肪酸含量可占果实的 30%，其中 60% 以上的脂肪酸是人体必需的不饱和脂肪酸，亚油酸和亚麻酸含量高达 27.5% 以上，长期食用可降低胆固醇、血脂，保护心血管和肝脏系统，有减肥、抗衰老等功效。

8. 酸爽珍宝——刺果番荔枝

刺果番荔枝

刺果番荔枝，别名为红毛榴莲，番荔枝科番荔枝属常绿乔木，是一种热带水果，原产自南美洲和加勒比地区，我国台湾、广东、广西和云南等省区有栽培。刺果番荔枝的果肉乳白色，气味芬芳，甘甜透酸，含有较多维生素 B，适合直接食用，也可用于榨汁或者加工成果酱，非常美味。刺果番荔枝在药用上具有清热利湿、抗癌解毒、消痈散结、抑菌驱虫、降压安神的功效，可帮助缓解便秘，其萃取物可有效对抗 12 类癌症的恶性细胞，还可用于研制抗抑郁药和广谱抗生素。

9.“热带葡萄”——嘉宝果

嘉宝果，别名珍宝果、树葡萄，桃金娘科树番樱属常绿小乔木，享有“热带葡萄”之称。原产于南美洲，20世纪被引进到我国南部种植。嘉宝果树姿优美，全年枝叶浓绿茂盛，四季开花、结果，观赏价值高，每年可开花结果达6次，果成熟后呈紫黑色，果肉多汁半透明，口感独特，同时具有4种不同的独特口味，是一种集美容、保健、药用于一体的特种水果，可抗氧化、抗炎症、抗菌，可缓解心血管疾病，美容养颜，可作食品保鲜剂、食品添加剂和天然色素。

嘉宝果

10. 润肺佳果——枇杷

枇杷，别名卢桔、卢橘、金丸，蔷薇科枇杷属植物，因叶子形状似琵琶乐器而得名。枇杷在中国有悠久的种植历史，是中国南方特有的珍稀水果，与樱桃、梅子并称为“果中三友”。果实柔软多汁，味道酸甜可口，每年3—4月为盛产季节，是一年中最早成熟的水果品种。枇杷一身都是宝，枇杷果实营养价值丰富，其胡萝卜素含量较高，在水果之中名列前茅，是中国古代最早用于食疗的果品之一，具有润肺、止咳、止渴等功效。枇杷核、枇杷叶、枇杷花、枇杷根均可入药。

枇杷

11. 岭南桂圆——龙眼

龙眼，别名桂圆或圆眼，无患子科龙眼属常绿乔木，盛产于我国南方，华南四大珍果之一，因果实像龙的眼睛，故而得名。龙眼花期3—4月，果期7—9月，外皮黄褐色，粗糙，假种皮白色肉质，内有黑褐色种子1颗。民间自古有“南桂圆、北人参”的说法，桂圆和龙眼是同一种东西，干品叫桂圆，鲜品叫龙

龙眼

眼，它的功用可以与人参相媲美。龙眼是一种富含营养的水果，在中医里被誉为“益智果”，不仅能补血益气、养心益智，还具美容养颜多种健康功效。

12. 水晶莲雾——洋蒲桃

洋蒲桃，别名莲雾、爪哇蒲桃、天桃、水蒲桃等，被誉为“水果皇帝”，桃金娘科蒲桃属常绿乔木。原产马来西亚及印度，我国南方有栽培，花期3—4月，果实5—6月成熟，果实含水量高达90%，号称“长在树上的矿泉水”，果肉呈海绵质，略有苹果香味，清甜爽脆。莲雾果实收成期短，不易贮藏，可加工成莲雾饮料、莲雾果酒、果脯等，或腌渍作为蜜饯，或作为烹调料理材料使用。在药用上主治肺燥咳嗽、呃逆不止、痔疮出血、胃腹胀满、肠炎痢疾、糖尿病等症。

洋蒲桃

13. 清香蜜果——蒲桃

蒲桃，别名水蒲桃、广东葡桃，桃金娘科蒲桃属常绿乔木。其喜湿喜热，生长在热带和亚热带地区的河边及河谷湿地，所以人们也常称它为“水蒲桃”。成熟的蒲桃果实中空，在手中轻摇可听到种子蹦跳的“咚咚”声，所以人们又称之为“铃铛果”“叮当果”。其口感脆爽，酸甜多汁，且香气扑鼻，有玫瑰味。除了鲜食，还可制作成果酱、蜜饯、果酒。此外，因有海量花粉使其成为蜜源植物。在药用上具有收敛、止泻、温肾、祛寒等多种功效，对于腹泻、痢疾、贫血、肾虚等有着独特的疗效。

蒲桃

14. 果中之宝——黄皮

黄皮，别名黄弹子、油皮、鸡果皮，芸香科黄皮属植物，是我国原产果树之一，主要种植于我国南方。黄皮一身是宝，素有“果中之宝”的美誉。黄皮果性平、微温，能生津止渴、健胃消食、化痰止咳，被广东人称为“正气果”；黄皮果核可行气止痛、解毒散结；黄皮叶可解表散热、行气化痰、利尿、解毒；黄皮根可行气止痛，主治气滞胃痛、腹痛、疝痛、风湿骨痛、痛经。黄皮可鲜食，或熬果酱、黄皮泡蜂蜜、盐腌黄皮果、黄皮蜜饯，在饮食上也是一道开胃药膳好菜。

黄皮

15. 报恩水果——番石榴

番石榴，别名芭乐、鸡屎果、拔子，桃金娘科番石榴属乔木，原产美洲热带，我国华南地区均有栽培，是一种适应性很强的热带果树。番石榴果肉白色及黄色，胎座肥大，肉质，淡红色，富含维生素C、膳食纤维等物质，既可当作新鲜水果生吃，也可煮食，可以制作成果酱、果冻、酸辣酱等各种酱料，还可各种酱汁、水果沙拉、派、布丁、冰激凌、优格及某些饮品。果实用于治疗泄泻、痢疾、小儿消化不良；鲜叶用于治疗跌打损伤、外伤出血、臁疮久不收口。

番石榴

16. 万寿之果——番木瓜

番木瓜，别名木瓜、万寿果等，番木瓜科番木瓜属常绿软木质小乔木。原产于墨西哥南部和中美洲地区，我国引种栽培后在南方有种植。番木瓜不仅香甜可口，而且营养价值丰富，有万寿之果、百益果王、水果之王的美誉，既可以作为水果被食用，也可制成水果罐头、果脯、干果等产品，还可作为餐桌上的美味蔬菜。果实具有抗炎、抑菌、护肝、降脂的药理效果，种子可榨油，青果乳汁还可加工成番木瓜蛋白酶，广泛应用于食品、化妆品、药品、制革等行业。

番木瓜

17. 柑橘之王——柚

柚，又名文旦、香栾、朱栾等，芸香科柑橘属乔木植物，产于我国南方地区，是人们喜食的水果之一，也是极具食疗效果的水果。柚花期4—5月，果期9—12月。主要品种有广西沙田柚、广东化州橘红、江西金兰柚、四川平顶柚、福建文旦等。柚除鲜食外，还可制成果汁、果酱、果酒和水果罐头等食品。柚果肉有止咳平喘、清热化痰、健脾消食、解酒除烦的功效；柚皮又名橘红，有理气化痰、健脾消食、散寒燥湿的作用；柚种子主治疝气；柚叶具有消炎、镇痛、利湿等功效。

柚

18. 野果明珠——岭南山竹子

岭南山竹子又称为广东山竹、岭南倒捻子，金丝桃科藤黄属的植物。生长在中国南方的山林中，是一种独特的美味水果。岭南山竹子种植后3～5年开始结果，果期8—10月。果肉味酸甜，独具风味。果肉中含有胶质，吃的时候会黏牙，牙齿会发黄，所以也称其为“黄牙果”。果皮或者果实可泡酒，有养颜开胃之功；以树皮和果入药，有清热除湿、消炎止痛、收敛生肌的功效，可治烧伤、烫伤、湿疹、口腔炎、牙周炎、痈疮溃烂等。

岭南山竹子

19. 酸味之王——五桠果

五桠果别名第伦桃、拟枇杷，五桠果科五桠果属常绿乔木。原产于亚洲热带地区，我国海南、广东、广西、云南等地有栽培。五桠果树姿优美，可作庭院观赏树种、行道树或果树。果实酸甜可口，香气独特，可鲜食，也可制各种饮料，作果酱原料。嫩果可煮熟后腌渍咸菜。木材可用于制作地板、房架、高

五桠果

档家具、船舶、胶合板等。根、皮具有解毒消肿、收敛止泻的功效；花和果实可以直接入药，对热毒和风湿毒有很好的清热解毒功效；果肉中的黏液能去头屑，润发效果好，是很好的天然护发剂。

（十一）热带林木

1. 木中黄金——花梨

花梨，又名降香黄檀、降香、黄花梨等，豆科黄檀属常绿乔木，是海南特有种、国家Ⅱ级保护植物，现已被引种至广东、广西、云南、福建等地。花梨为中国古代四大名木，海南五种特类材之首。花梨心材是制作高级家具、工艺品、乐器的上等材料。心材焚烧后能散发沁人心脾的花香、蜜香、果香、木香等，有“一木五香”之说，具有抗氧化和抗皱紧致等作用，是优秀的化妆品香料定香剂。花梨也是名贵南药药材，提炼降香油具有行气止痛、止血活血的功效，是冠心丹参片、乳结消散片、复方降香胶囊等中成药的主要原料。

花梨

2. 贵族良材——桃花心木

桃花心木，楝科桃花心木属常绿乔木，原产南美洲，我国南方均有栽培。桃花心木是世界上名贵木材之一，为多米尼加共和国的国树，被世界自然保护联盟列为 EN（濒危）物种。桃花心木是优秀的园林绿化树，枝叶繁茂，树形美观，树干端直，高大挺拔，遮阴效果好，病虫害少，寿命长，抗风能力强。其质地坚硬，木材红色，纹理细致，抗虫蚀，被视为家具、橱柜制造的进口高级原料。17 世纪后，桃花心木逐渐成为欧洲皇室家具的御用品。

桃花心木

3. 滨海粮仓——大叶榄仁

大叶榄仁，别名山枇杷树、榄仁树，使君子科诃子属大乔木植物。原产于马达加斯加等地，我国南方均有栽培。果实的形状貌似橄榄的核，叶子的形状形似我国传统乐器琵琶。花期 3—7 月，果期 7—9 月。喜欢温暖湿润的气候环境，耐热、耐湿、耐瘠、耐碱、抗污染、易移植。同时，其树形优美，叶片宽大浓绿，秋冬落叶时转为红色，具有很高的观赏价值，是常见行道树和庭园树。果实呈椭圆形，为重要的鞣料，核仁可食或榨油，树皮、叶子、种子均可入药。

大叶榄仁

4. 都市食源——小叶榄仁

小叶榄仁，别名细叶榄仁、非洲榄仁、雨伞树，使君子科榄仁树属常绿乔木。原产非洲的马达加斯加，中国南方沿海一带有栽培。花期2—4月，主干浑圆挺直，枝丫自然分层有序向四周开展，小叶琵琶形，是理想的观叶乔木。喜光，耐半阴，喜高温湿润气候，具有深根性，抗风、抗污染、寿命长，并耐盐分，为优良的海岸树种，也是优秀的碳汇植物。冬季落叶后，光秃柔细的枝丫美，益显独特风格；春季萌发青翠的新叶，随风飘逸，姿态甚为优雅。

小叶榄仁

5. 吉祥绿宝——发财树

发财树学名为光瓜栗，别名马拉巴栗、大果木棉、栗子树、美国花生等，锦葵科瓜栗属常绿小乔木。原产于中美洲，我国在福建、广东、海南等省广泛种植。发财树茎干膨大，树形优美，耐阴性强，易栽培，是观叶植物之一，曾被联合国环保组织评为世界十大室内观赏植物。发财树盆栽用

发财树

于美化，有“发财”之寓意，给人们美好的祝愿。花期5—11月，果先后成熟。果实种子可以炒着吃，味道跟花生一样香脆可口。树干可供制作纸浆（手抄纸），浆糊原料。

6. 绿冠巨伞——幌伞枫

幌伞枫，别称富贵树、广伞枫、大蛇药、五加通、凉伞木等，五加科幌伞枫属常绿乔木，分布于我国的云南、广西、广东、海南。幌伞枫因有富贵、吉祥、辟邪之意，而被称为富贵树、招财树。幌伞枫树形端正，枝叶茂密，可栽培作为庭园风景树；盆栽可作为室内的观赏树种，多用在庄重肃穆的场合。以根、树皮入药，性味苦、凉，可清热解毒，活血消肿，止痛，用于治疗感冒、中暑头痛；外用治痈疖肿毒、淋巴结炎、骨折、烧烫伤、扭挫伤、蛇咬伤。

幌伞枫

7. 人脸果韵——人面子

人面子，别名人面树、银莲果，漆树科人面子属常绿大乔木植物，分布于我国广东、广西、海南、云南等地。人面子喜温暖湿润气候，耐寒，抗风，抗大气污染，树冠宽广浓绿，是庭园绿化的优良树种和行道树。人面子果肉可食或盐渍做菜或制其他食品，可加工成蜜饯和果酱；具有健胃、生津、醒酒、解毒功效，主治食欲不振、热病口渴、醉酒、咽喉肿痛、风毒疮痒。其木材致密而有光泽，耐腐力强，可作为建筑和家具用材；种子油可制皂或作润滑油。

人面子

8. 色染天工——胭脂树

胭脂树，胭脂树科胭脂树属多年生植物，是热带地区有名的染料植物。原产于热带美洲，我国分布于广东、云南等地。胭脂树褐色荚蒴果可生产一种红色或黄色粉末状染料，用于奶油、乳酪及人造奶油的着色。亚马孙河流域的人取种子拌合唾液，搓揉涂抹脸部、皮肤，就像涂上胭脂

胭脂树

一般，因此得名。胭脂树材质轻软、结构粗、易加工，供建筑和家居等用材。胭脂树根可治发热、疟疾、咽痛、黄疸、痢疾、丹毒、毒蛇咬伤、疮疡；种子可治肝炎、尿血。

9. 菩提圣荫——菩提树

菩提树，榕族榕属的大乔木植物，我国广东、广西、云南有栽培。印度将菩提树视为神圣之树。传说在 2 000 多年前，佛祖释迦牟尼是在菩提树下修成正果的。菩提树是治疗哮喘、糖尿病、腹泻、癫痫、胃部疾病等的传统中医药，对癌症、心血管疾病、神经炎性疾病、神经精神疾病、寄生虫感染等都有显著效果。菩提树在中国也有深远的影响，唐朝僧人惠能曾写下诗句：“菩提本无树，明镜亦非台，本来无一物，何处惹尘埃。”

菩提树

10. 南国相思——海南红豆

海南红豆，别名羽叶红豆、大萼红豆、鸭公青，豆科红豆属常绿乔木。我国产于海南、广东西南部和广西南部。花期 7—8 月，果期一般 11—12 月。花冠蝶形，黄白色。种子椭圆形，种皮红色，是表达爱情和友谊的特色纪念品。海南红豆树冠浓绿美观，同时兼有花、果、种子和新叶可供观赏，是优良的园林观赏树种，用作行道树、庭荫树、园景树均效果良好。可作一般家具、建筑用材，为海南五类用材。

海南红豆

11. 楝香入药——麻楝

麻楝，别名为白椿、白皮香椿，楝科麻楝属乔木，原产中国，分布于中国广东、广西、云南和西藏。麻楝花瓣黄色或略带紫色，蒴果灰黄色或褐色，4—5 月开花，7 月至翌年 1 月结果。麻楝春天嫩叶艳红，夏天树冠浓绿，秋天叶片金黄，冬天卸装御

麻楝

寒，季相分明，显得独树一帜。常作为绿化树种，广泛用作庭荫树和行道树。木材黄褐色或赤褐色，芳香，坚硬，有光泽，易加工，耐腐，为建筑、造船、制家具的良好用材。

12. 沙漠甘泉——旅人蕉

旅人蕉，别名旅人木、扁芭槿、扇芭蕉、水木等，鹤望兰科旅人蕉属多年生植物。原产于马达加斯加岛，是马达加斯加的国树，也是一种需水性极强的植物，它喜欢温暖、向阳并且湿润的环境。旅人蕉像扇子一样的树冠，沿着东西方向生长，为旅人提供了指南针的功能。其叶柄表面光滑，基部则有一个凹槽，每当下雨的时候，雨水就会顺着旅人蕉的叶片流到叶柄处，具备储水能力。旅人蕉也是世界上最高的草本植物，能长到 10 米以上。

旅人蕉

13. 龙血宝树——龙血树

龙血树，龙舌兰科龙血树属乔木。原产于佛得角、摩洛哥等，我国华南有引种栽培，已被世界自然保护联盟列为 VU（易危）物种。龙血树喜阳光充足，也很耐阴，富有热带风情。为现代室内装饰的优良观叶植物，可布置于庭院或室内。龙血树受到损伤时，它会流出一种深红色的液体，这种液体被称为“龙血”，可制作为染料，用于装饰小提琴。从龙血树的木质部提取出来的血竭为名贵中药材品种，深红色，具有活血祛瘀、消肿止痛、收敛止血的功效。

龙血树

14. 珍果刺球——气球果

气球果，别名钉头果、毛球、河豚果，夹竹桃科钉头果属常绿灌木，原产非洲热带，我国华南地区可露地栽培。气球果树姿舒展、干枝飘逸，花朵小巧玲珑，果形奇特，是优良的既可观花又可观果的景观绿化树种。气球果圆鼓鼓的，极为奇特。外果皮具软刺，似用钉子锤入，故名钉头果；其果像充足了气的气球，故名气球果；又似正在生气的河豚，故又名河豚果。可作为观景栽种植物，还可作为切花材料用于

气球果

居家插花布置和花篮装饰。

（十二）热带花卉

1. 紫霞华盖——大花紫薇

大花紫薇，别名大叶紫薇、百日红，千屈菜科紫薇属乔木，是具有较高观赏价值的观花植物，常作为行道树，有良好的绿化美化效果。花期5—8月，花期长，花色艳丽，具有“盛夏绿遮眼，此花红满堂”的赞语。大花紫薇的树干挺拔，木质坚硬，耐腐力强，色红而亮可以用来生产家具、船只、枕木及建筑等，也可作为水中用材，木材经济价值很高。树皮和种子是天然的泻药，而种子则具有很强的麻醉性，能起到镇痛的效果；叶子多用于人类糖尿病的治疗。

大花紫薇

2. 烈火战袍——火焰树

火焰树，别名火烧花、喷泉树、苞萼木、火焰木，紫葳科火焰树属植物。原产于非洲，我国华南地区常见栽培。火焰树株型美观，是一种观花植物，耐热、耐旱、耐湿、耐瘠、枝脆不耐风、易移植；花期全年，花朵多而密集，红艳艳的花朵看起来就像是火焰一般。火焰树具有很高的药用价值，果实用于治疗消化不良、肠炎、痢疾等症状；根部用于治疗跌打损伤、筋骨疼痛、腰痛等症状；叶子则可以外敷，能治疮疡肿毒。

火焰树

3. 无忧圣境——无忧花

无忧花，又名中国无忧花、火焰花，豆科无忧花属常绿乔木。我国云南、广西、广东等热带地区均可种植。无忧花偏阳性树种，集绿化、美化于一身。在开花的时候，满树都金黄色，盛开时远望如团团火焰，就像是火炬一般，十分耀眼，远远看去，就像金色的宝塔。据说，无忧花被佛教视为圣树，坐在无忧花树下，可以忘记所有的烦恼，无忧无虑。

无忧花

4. 金铃报春——黄花风铃木

黄花风铃木，别名为毛风铃、毛黄钟花，紫葳科风铃木属落叶乔木。原产墨西哥、中美洲、南美洲，我国从南美巴拉圭引进栽种，适合热带、亚热带地区栽培，是优秀的园林绿化树种。黄花风铃木会随着四季变化而更换风貌，观赏价值高：春天枝条叶疏，清明节前后会开漂亮的黄花；夏天长叶结果荚；秋天枝叶繁盛，一片绿油油的景象；冬天枯枝落叶，呈现出凄凉之美。

黄花风铃木

5. 玉骨冰肌——鸡蛋花

鸡蛋花，别名缅栀子、鸭脚木，夹竹桃科鸡蛋花属落叶灌木或小乔木，原产墨西哥，我国南方有栽培，其独特的颜色和形态使它在植物界独树一帜，具有极高的药用价值和观赏价值，是热带地区园林绿化、庭院布置的首选佳品。盛开的花朵就如一枚打碎的鸡蛋，外面是蛋白，里面是蛋黄，故得名“鸡蛋花”。其鲜花晒干可泡茶饮，可预防中暑，有治湿热下痢、解毒和润肺的效果；叶片捣烂外敷可治瘀伤或溃疡，树皮及枝叶所含的乳汁有毒，外敷可医治疥疮及红肿等症。

鸡蛋花

6. 天香云外——桂花

桂花，别名九里香、木樨，木樨科木樨属植物。原产于我国西南部，现各地广泛栽培。桂花是我国传统名花之一，俗话说“八月桂花香”，中秋前后正是桂花开放的时节，甜蜜的桂香会充盈一整个深秋，因此古人称为“桂月”。中国人皆视桂花为吉祥之兆，如中榜登科，仕途得志被称为“折桂”，对获得殊荣者则誉为拥有“桂冠”。除了香味浓郁，桂花可用于食品、饮品、

桂花

化妆品的生产，也是一味中药，温肺化饮、散寒止痛，可用于痰饮咳喘、脘腹冷痛、经闭腹痛、牙痛等。

7. 三角锦焰——三角梅

三角梅，又名簕杜鹃，别名三角花、叶子花等，紫茉莉科叶子花属常绿木质藤本植物。原产热带美洲，我国南方有栽培。三角梅花朵被三片苞片环抱着，苞片的形状像三角形的叶子。苞片的色彩繁多，有艳丽的红色、娇嫩的粉色、清新的白色……，宛如调色板上的调色师。这些色彩交织在一起，仿佛是大自然的杰作，令人陶醉，叹为观止。在药用上，其具有抗炎、抗菌、抗真菌、抗氧化、抗衰老、降血糖、降胆固醇、利尿、解毒、镇痛等多种功效和作用。

三角梅

8. 蓝雾火焰——蓝花楹

蓝花楹，别名含羞草叶楹、蕨树、蓝楹，紫葳科蓝花楹属的落叶乔木，分布于阿根廷、玻利维亚、巴西，以及中国的广西、海南、广东、云南、福建等地。花期 5—6 月，因其花如蓝雾一片，朦胧清雅，似梦非梦，在艳阳下，像一团蓬勃的异色火焰，绚烂到极致，又称为蓝色火焰。蓝花楹观赏价值高，是庭院绿化的优良品种；其木材易加工，可做家具、板材等。其还具有发汗止呕、清热解毒、通便等药用价值。

蓝花楹

9. 东瀛飞雪——日本樱花

日本樱花，中文学名东京樱花，蔷薇科樱属落叶乔木，原产我国长江流域和日本，我国南部均有栽培，是早春开花的著名观赏花木。樱花花朵极其美丽，盛开时节，满树烂漫，如云似霞，但是花期却很短，从盛开到凋落只有 7 天，仿佛是一场短暂的粉色梦境。日本樱花品种繁多，有染井吉野樱、河津樱、八重樱、寒绯樱等，颜色各异，花苞与绽放时的花色也有不同。樱花作为

日本樱花

春天的风物诗，也被赋予了更多感情色彩。片片飘落的花瓣，为世间带来感动与温情，在樱花面前，所有的事物都变得柔软。

10. 热带蜂巢——蝎尾蕉

蝎尾蕉，俗名为赫蕉、鹤蕉，蝎尾蕉科蝎尾蕉属植物。原产热带地区，喜温暖、湿润的环境。因其花色大红大紫、花序形似“之”字形蝎尾状而得名。蝎尾蕉株型美观，花枝挺拔，花形奇特，艳丽多姿，为国际上流行的高档新潮花卉。原生种就有80多种，而各种变种、杂交种的数量有400多种，色彩有红、黄、绿、白、紫等多种颜色，既可用作园林景观，又可盆栽观赏，更可做切花材料，是一种高观赏价值的热带花卉。

蝎尾蕉

11. 爱情圣手——玫瑰

玫瑰，别名滨茄子、滨梨，蔷薇科蔷薇属落叶灌木，素有国香之称，最早起源于中国。在缤纷多彩的花海中，玫瑰以其独特的魅力，傲然挺立于世界的中心，它不仅是一种花，更是一种情感的象征。玫瑰的美，早已超越了它的形态和色彩，成为人类情感世界的一部分，承载着爱与美的永恒主题。玫瑰花能温养人的心肝血脉，抒发体内郁气，有理气解郁、活血散瘀的功效，对调节内分泌、消除疲劳有一定的帮助。玫瑰花泡茶，也是众多女士钟爱的日常饮品。

玫瑰

12. 紫云垂瀑——紫云藤

紫云藤，别名非洲凌霄、紫芸藤，紫葳科非洲凌霄属常绿攀缘木质藤本植物，原产于非洲，我国福建、广东等地有引种栽培。紫云藤花期11月至翌年6月，花冠筒状，粉红至淡紫色，冠喉白色，蒴果线形，种子扁平。其枝条柔软叶片翠绿，开粉红色及紫红色花朵，花散发淡雅清香，是热带花篱、花带绿化、廊架攀

紫云藤

藤植物。

13. 山茶皇后——杜鹃红山茶

杜鹃红山茶，别名杜鹃叶山茶假大头茶，山茶科山茶属灌木植物，是国家一级保护植物，被世界自然保护联盟列为 CR（极危）物种，有着“植物界大熊猫”之称，原产于我国，主要分布于云南、广西、广东、四川。杜鹃山茶花不畏严寒，花开于冬末春初万花凋谢之时，既有傲梅风骨，又有牡丹艳丽，自古以来就是极负盛名的木本花卉，有“山茶皇后”的美名。它花瓣红艳，花药金黄，美丽富贵，花期长，一年四季都可开花，又有“四季茶花”的别称。

杜鹃红山茶

14. 樱唇美人——美女樱

美女樱，别名为草五色梅、紫花美女樱，马鞭草科马鞭草属多年生草本植物，原产于南美洲的巴西等地，在中国各地均有引种栽培。美女樱是草花中名副其实的美人，有“樱唇美人”的美誉，其花有点像绣球，一般由一朵朵小花组成厚实的伞形，花色丰富，有蓝、紫、红、粉、白等色，开花不断，可用于城市道路绿化带、坡地、花坛等和园林景点的布置。美女樱的叶、茎、花均可入药，有清热凉血的功效。

美女樱

15. 南美玫焰——巴西野牡丹

巴西野牡丹，别名紫花野牡丹，野牡丹科蒂牡花属常绿小灌木，原产巴西，我国广东、海南等地有引种栽培。喜温暖、湿润的气候，具有较强的耐阴及耐寒能力，有着“公主花”或“荣耀灌木”的美称，是优良的观叶、观花园林绿化

巴西野牡丹

植物。巴西野牡丹具有消肿止痛、散瘀止血的功效，对消化不良、痢疾以及便血具有很好的治疗效果，还能有效地去除面部的黄褐斑，有效延缓皮肤的衰老。

16. 红绸舞木——红花檵木

红花檵木，金缕梅科檵木属常绿灌木或小乔木，产于我国湖南，是珍贵的既观花又观叶的树种，也是中国特色花卉之一。花期3—4月，紫红色，喜温暖、湿润土壤，花期长，抗寒、抗旱、耐阴，易于造型，是城市绿化中不可多得的赏花、赏叶植物。花开时节，满树的花儿姹紫嫣红，极为壮观。红花檵木根有清热解毒、活血化瘀的功效，常用来治疗感冒、咳嗽等呼吸道疾病；叶和花泡茶饮用，可解暑降温、清热解毒。

红花檵木

17. 赤焰宝塔——瓷玫瑰

瓷玫瑰，别名火炬姜，姜科茴香砂仁属植物，原产于非洲及亚洲热带地区，我国广东、福建、台湾、云南等地有引种栽培，是一种既观花又观叶具有相当观赏价值的高档花卉。瓷玫瑰花期5—10月，花朵色泽鲜艳，光滑亮丽，近观如上好的瓷器，也似莹润的彩釉；远观如林荫下熊熊燃烧的火炬，是陈设公共场所的绝佳植物，也是东南亚美食中常见的香辛原料，含苞未放的花蕾及茎部是马来西亚“娘惹料理”中不可或缺的调味料之一。

瓷玫瑰

18. 霓裳羽衣——美丽异木棉

美丽异木棉，别称美人树、美丽木棉、丝木棉，木棉科吉贝属落叶乔木。原产于南美洲，在我国南方城市广泛栽培。美丽异木棉属强阳性树种，根部庞大，树皮富含纤维，有较强的抗风能力；拥有优美的树形、繁茂的花枝、艳丽的花色、超长的花期等特

美丽异木棉

征，极为壮观迷人，是优良的观花乔木，常用作道路、庭院绿化树；果实成熟后，外皮自然脱落，一团白色的絮状物脱颖而出，悬挂在枝头，状如棉花团，可用于填充枕头；树干可用于造纸，树皮可用于生产绳索，种子可用于榨油。

二 动物资源

（一）热带畜禽

1. 猪

猪，猪科野猪属哺乳动物，是人类所驯养的家畜之一，家猪是野猪被人类驯化后所形成的亚种。野猪首先在中国被驯化，中国养猪的历史可以追溯到新石器时代早、中期。古代经常用猪代表财富和生育，在广东的传统习俗中，烧猪或烧乳猪是各隆重场合的常用美食。

猪

猪按地理区域进行分类，可分为六类。华北类型，如东北民猪、黄淮海黑猪、里岔黑猪、八眉猪等；华南类型，如滇南小耳猪、蓝塘猪、陆川猪等；华中类型，如宁乡猪、金华猪、监利猪、大花白猪等；江海类型，如太湖猪（梅山猪、二花脸等的统称）；西南类型，如内江猪、荣昌猪、成华猪、桂中花猪等；高原类型，如藏猪（阿坝藏猪、迪庆藏猪）。

猪肉味甘咸、性平，入脾、胃、肾经，补肾养血，滋阴润燥；主治热病伤津、消渴羸瘦、肾虚体弱、产后血虚、燥咳、便秘、补虚、滋阴、润燥、滋肝阴，润肌肤，利二便、止消渴。猪肉煮汤饮下可急补由于津液不足引起的烦躁、干咳、便秘和难产。

五指山猪是我国热带地区特有的一种小型猪。主产于海南省五指山市，是中国著名的小型猪种之一，2014 年入选“国家农产品地理标志”，2021 年被列入“国家畜禽遗传资源品种名录”。具有抗逆性强、瘦肉率高、脂肪含量少、肉质鲜嫩可口、芳香族脂肪酸组成丰富等特点。但存在体型小、增重慢、饲养周期长的缺点。

五指山猪

陆川猪，是全国八大名猪之一，因原产于广西东南部的陆川县而得名，入选“国家级畜禽遗传资源保护名录”，获批“全国农产品地理标志”。陆川猪属脂肪型猪种，毛色呈一致性黑白花，体型特点为矮、短、宽、肥、圆，具有繁殖力高、母性好、抗逆性强、体型紧凑、遗传力稳定等优点。其肉皮薄、肉嫩味鲜、脆而不腻，可加工脆皮乳猪、香肠、无皮五花腊肉等。

陆川猪

2. 牛

牛，洞角科牛属哺乳动物。牛是人类最早驯养的家畜之一，普通牛最初驯化的地点在中亚，以后扩展到欧洲、中国和亚洲。牛是最勤劳的一种家畜，是农业社会人类最主要的劳动帮手。

牛的种类有普通牛、水牛、黄牛、牦牛、野牛。普通牛起源于原牛，普通牛经过不断的选育和杂交改良成为现代牛，类型可分五种：一是乳用品种，主要包括荷斯坦牛、爱尔夏牛、娟姗牛、更赛牛等；二是肉用品种，主要包括海福特牛短角牛、阿伯丁-安格斯牛、夏洛来牛、婆罗门牛等；三是兼用品种，主要包括兼用型短角牛、西门塔尔牛、瑞士褐牛、丹麦红牛、安格勒牛、辛地红牛、沙希华牛、蒙古牛、新疆伊犁牛等；四是役用品种，主要有中国的黄牛、水牛等，有的黄牛也可役肉兼用，如中国的南阳牛，秦川牛和鲁西牛等；五是其他牛，如供比赛用斗牛等。

我国本土牛主要有黄牛、水牛、三河牛、牦牛和犏牛。黄牛是我国最常见的一种家牛，也是分布最广、功用最大的牛种。水牛绝大多数分布于东南和西南地区，以在淮河以南的水稻产区最多，占全国水牛总数的97.7%。三河牛为优良的乳肉兼用品种，因产于内蒙古呼伦贝尔市大兴安岭西麓的额尔古纳右旗三河地区而得名。牦牛是青藏高寒草原上的特有牛种，占世界牦牛总数的85%。

广东有雷琼黄牛、陆丰黄牛等优良品种。雷琼黄牛是我国最南端的瘤牛品种，为广东省雷州半岛所产的徐闻黄牛与海南省琼州所产的海南黄牛的合称，1980年被列入全国十大优秀地方畜禽品种，并被列入“国家种质资源保护目录”“国家级畜禽遗传资源保护名录”。被毛黄色居多，黑色次之。其性情温驯、耐湿热、耐粗饲、得病少、适应性强，且体形匀称、肌肉丰满、肉质细嫩、纤维少，广受市场欢迎。

雷琼黄牛

雷琼黄牛向来是补身和食疗的佳品，蛋白质含量高，脂肪含量低，具有安中益气、健脾养胃、补益腰脚、强身壮体的功效，在肉类中占重要一席。牛的全身都是宝。牛肉可供食用，牛皮可供制革，牛角可以制器。

羊

3. 羊

羊，牛科山羊属反刍动物。羊是人们熟悉的家畜之一，其饲养在我国已有 5 000 余年的历史。早在母系氏族公社时期，生活在我国北方草原地区的原始居民，就已开始选择水草丰茂的沿河沿湖地带牧羊狩猎。

羊有四属，均是一些非常适应山地生活的动物。①绵羊属（*Ovis*）。分布广泛，在欧亚大陆和北美洲的山地都能见到，以角大而呈螺旋形为特征，其中家畜绵羊因出产羊毛而被广泛饲养，我国产的盘羊则是绵羊属体型最大的一种。②山羊属（*Capra*）。以嘴下有须为特征，主要分布于欧亚大陆的山地。③岩羊属（*Pseudois*）。有两种，岩羊分布于我国西南部和西北南部及中亚一些山地，倭岩羊产于我国西南地区。④塔尔羊属（*Hemitragus*）。雄性身披长毛，分布于南亚和西南亚的山地。

我国黑山羊主要的品种有雷州山羊、四川金堂黑山羊、湖南沧山黑山羊、云南云岭黑山羊和贵州黑山羊。雷州山羊是我国以产肉而著名的地方山羊品种，是国家级优良地方品种，因其毛色乌亮，味道特殊，营养十足，入选“国家级畜禽遗传资源保护名录”。原产于雷州半岛一带，因此而得名。

雷州山羊

雷州山羊蛋白质含量 22.6% 以上，脂肪含量低于 3%，肉味鲜美，纤维细嫩，脂肪分布均匀，膻味小，兼备美食与药用滋补功效，能提高人体免疫力，老幼皆宜。羊全身是宝，其毛皮可制成多种毛织品和皮革制品，羊肉、羊血、羊骨、羊肝、羊奶、羊胆等可用于多种疾病的治疗，具有较高的药用价值。

4. 鸡

鸡，雉科原鸡属家禽，鸡形目鸟类的统称。原产于中国南部和印度北部，世界各地都有饲养。中国是世界上最早驯养鸡的国家，至少有 4 000 多年的历史。在中国的传统文化中，龙和凤都是神化的动物，鸡却是一种身世不凡的灵禽，例如凤的形象来源于鸡。

鸡

中国现有地方品种 100 多种，有德化黑鸡、广西三黄鸡、河田鸡、惠州胡须鸡、狼山鸡、黔东南小香鸡、清远麻鸡、寿光鸡、丝羽乌骨鸡、文昌鸡、仙居鸡、杏花鸡等；另有培育品种及配套系 80 余种，引入品种及配套系 30 余种，如来航鸡、贵妃鸡等。

广东优良鸡种有信宜三黄鸡（湛江鸡）、清远麻鸡、惠州胡须鸡、罗定凉亭土鸡、封开杏花鸡、清远阳山鸡、中山石歧鸡。信宜三黄鸡原产怀乡，亦称湛江鸡，有时也叫怀乡鸡，肉蛋并用，并具有脚黄、嘴黄、皮毛黄的特色，故又称三黄鸡。湛江白切鸡早已名播天下，其皮层色黄、肉质嫩滑、骨软皮脆、味道鲜美、清香爽口，深受消费者青睐。

文昌鸡，被列为海南四大名菜之一，而且是驰名中外的一道名菜。特征为“三小两短”，即头小、颈小、脚小、颈短、脚短。其肉质滑嫩，皮薄骨酥，香味甚浓，肥而不腻，蘸佐料而吃，入口喷香，爽滑异常，它是中国烹饪协会评选出来的“中国名菜”。

湛江鸡

文昌鸡

儋州鸡，又名北岸小种鸡，是一个古老的鸡种，由石鸡进化而来，在海南省儋州市养殖历史悠久，早在唐代就有养殖，2023 年列入“国家畜禽遗传资源名录”。儋州鸡适合野外林地放养，具有体型小、腹脂含量少、耐粗饲、耐高温高湿等优异种质特性，也是具有重要遗传育种研究和开发价值的热带鸡品种。

儋州鸡

鸡肉含丰富蛋白质，其脂肪中含不饱和脂肪酸，是对老年人和心血管疾病患者较好的蛋白质食品。如体质虚弱、病后或产后用鸡肉或鸡汤作补品食用更为适宜，尤以乌骨鸡为佳，对虚劳瘦弱、骨蒸潮热、脾虚泄泻、消渴、崩漏、赤白带、遗精等有一定疗效。

5. 鸭

鸭，鸭科鸭属水禽的统称，由野生绿头鸭和斑嘴鸭驯化而来，是一种常见家禽，有野鸭、家鸭之分。中国是世界上最早把野鸭驯化成家鸭的国家。鸭子象征着聪明、有趣、友善和天真。鸭有状元及第之意，是追求仕途的人们祝福前程远大、学业有成的吉祥物。古诗“竹外桃花三两枝，春江水暖鸭先知”，则道出了鸭子的灵性。

鸭

我国鸭种类繁多，有赤麻鸭、水鸭、绿头鸭、斑嘴鸭、绿翅鸭、白秋沙鸭等。经过长期驯化和选择培育成三种用途的品种，即肉用型、蛋用型和兼用型三种类型。肉用鸭：个大，体躯宽厚，肌肉丰满，肉质鲜美，性情温顺，行动迟钝，有代表性的有北京鸭、樱桃谷鸭、法国番鸭、奥白星鸭等。蛋用鸭：较小，体躯细长，羽毛紧密，行动灵活，性成熟早，产蛋量多，但蛋型小，肉质稍差，比较有代表性的有金定鸭、绍兴鸭、高邮鸭等。兼用型：兼具肉用和蛋用价值，有高邮鸭、建昌鸭、巢湖鸭、桂西鸭等。

嘉积鸭，又称番鸭，为海南省的特种畜禽资源，海南四大名菜之一，因产于海南省琼海市嘉积镇而得名。据传嘉积鸭是清光绪年间的华侨从东南亚国家引入，并经长期选育形成适应海南饲养的特色鸭种，至今已有 200 多年的历史。嘉积鸭以其脯大、皮薄、骨软、肉嫩、脂肪少、在滑脆皮肉之间有一层薄脂肪，食之肥而不腻，味道喷香，还是软骨头，再加上特有的烹煮调配方式，就变成了风味独特的美味佳肴。

嘉积鸭

鸭肉富含优质蛋白质和多种氨基酸，有助于增强人体免疫力，可促进生长发育和维持身体健康。传统中医认为鸭肉性味甘寒，入肺、胃经，具有清热解毒、滋阴润燥、养阴清热、补虚益气等功效，适宜用于辅助治疗体质虚弱、气阴两虚、燥热咳嗽、口干口渴等症状。

6. 鹅

鹅，鸭科雁属脊椎食草动物，由灰雁和鸿雁驯化而来。世界各地均有饲养，中国是世界上饲养家鹅较早的国家之一，驯养家鹅的时间距今至少有3 300多年的历史。鹅的形态优雅自然，可以看家护院，给人一种田园生活的闲适之感。“鹅，鹅，鹅，曲项向天歌，白毛浮绿水，红掌拨清波”，就描写了这样一种悠然自得生活状态。

鹅

鹅按出产功用分产肉、产蛋、产绒、产肥肝四类。产肉：我国大中型鹅种的生长速度很快，肉质较好，均可作肉用鹅，其中以狮头鹅、溆浦鹅、浙东白鹅、皖西白鹅较为出色。产蛋：我国产蛋量高的鹅种较多，有产蛋量可谓世界之最的五龙鹅，还有籽鹅、太湖鹅、扬州鹅、四川白鹅等。产绒：产绒以白鹅为主，主要有皖西白鹅、浙东白鹅、四川白鹅、承德白鹅等。产肥肝：狮头鹅、溆浦鹅、合浦鹅肥肝的功用很出色。

我国现有鹅品种27个（其中6个列入保护名录），是世界上鹅品种最多的国家。优良的鹅品种有籽鹅、雁鹅、浙东白鹅、四川白鹅、太湖鹅、豁眼鹅、狮头鹅等。

狮头鹅是我国最大的鹅品种，原产于广东省潮州市饶平县浮滨乡。成年公鹅体重10～12千克，母鹅9～10千克，其头大而眼小，头部顶端和两侧具有较大黑肉瘤，随年龄而增大，形似狮头，故称狮头鹅。其体型大、生长快、肉质鲜美、口感鲜嫩、羽毛绚丽、饲养期短、耐粗饲、饲料转化效率高、适应性强、屠宰率高、经济价值高。以潮汕地区特产的狮头鹅肉质最为肥美，卤鹅是地方风味食品，香滑入味，肥而不腻。

狮头鹅

鹅肉肥美，口感良好，蛋白质含量高，脂肪含量较低，且其中富含人体必需的多种氨基酸以及多种维生素、微量元素矿物质，具有极高的营养价值，鹅蛋则具有补中益气、防治心脑血管疾病的功效，可提高人体免疫力。

7. 兔子

兔子

兔子，兔科兔属哺乳动物。兔子的品种有很多，共 11 属 65 种，以亚洲、非洲和北美洲种类最多。纯种兔品种可分为食用兔、毛用兔、实验兔和宠物兔四大类。我国特有的兔包括东南兔、海南兔、塔里木兔等。

在中国传统文化中，兔是智慧祥瑞的象征，成语“狡兔三窟”，指聪明的兔子准备好几个藏身的窝；“静若处子，动若脱兔”，指行动要像兔子一样敏捷；谚语“兔子不吃窝边草”，指兔子不吃自己窝旁的草，以保护自己不被敌人发现。

兔肉肉质细嫩、味美香浓、久食不腻，且具有五高三低的特点，即高蛋白质、高赖氨酸、高烟酸、高卵磷脂、高消化率，低脂肪、低胆固醇、低热量，故兔肉有“荤中之素”的说法。

（二）热带水产

1. 草鱼

草鱼

草鱼，别名油鲩、草鲩等，鲤科草鱼属鱼类，因以水草为食而得名，至今已有 1 700 多年的养殖历史，在我国养殖分布较广，是我国淡水养殖的“四大家鱼”之一。

草鱼是我国消费区域最广泛、重要的淡水产品之一，从古至今都是养生佳品，《中华本草》中指出草鱼有适合久病身体虚弱之人疗养的用处。普通草鱼肉质细腻软滑，而脆肉鲩吃起来肉质爽脆，秘诀之一是给草鱼喂食蚕豆。“河清水畅草鱼肥，芦苇轻摇鹭鸟飞”就是描写草鱼的美好诗词。

2. 青鱼

青鱼，别名黑鲩、螺蛳青，鲤科青鱼属鱼类，主要分布于我国长江以南的平原地区，为我国淡水养殖的“四大家鱼”之一。

青鱼主食螺蛳、蚌、虾和水生昆虫，个大肉厚，甚至可长到1米多长，体重超百斤。鱼肉多脂味美，刺大而少，是淡水鱼中的上品。以鲜销为主，熏制品、糟制品以及罐头也很受欢迎。鱼肉味甘，性平，无毒，有益气化湿、和中、截疟、养肝明目、养胃的功效，全身皆可作药用。其头部青鱼石晶莹如玉，在民间被当作避凶驱邪的吉祥物。

青鱼

3. 鳙鱼

鳙鱼，又名花鲢、大头鱼等，鲤科鲢属鱼类，中国特有鱼类，分布范围很广，为我国淡水养殖的“四大家鱼”之一。

鳙鱼

古人云：“鳙之美者在鱼头”，鱼头占了整个身长的1/3。早在《山海经》中就有关于鳙鱼的记载，“鳙鳙之鱼，其状如犁牛”。鳙鱼属于高蛋白、低脂肪、低胆固醇的鱼类，有补充营养、延缓衰老的作用。鳙鱼以其美味征服了无数消费者，如鲜香爽辣的剁椒鱼头，鲜糯嫩滑的砂锅鱼头汤。

4. 鲢鱼

鲢鱼，别名白鲢、鲢子，鲤科鲢属鱼类，主要分布于我国各大水系，为我国淡水养殖的“四大家鱼”之一。

鲢鱼

鲢鱼以浮游生物为食，其生长快、疾病少、产量高、易饲养，多与草鱼、鲤鱼混养。鲢鱼性急躁，善跳跃。鲢鱼味甘，性平，无毒，其肉质鲜嫩，营养丰富。其刺多，多加工成鱼丸等产品。鲢鱼具有温补肾阳、滋养肝肾、益气补精的作用，对于脾胃虚弱、食欲减退、瘦弱乏力、腹泻等有一定的缓解作用。

5. 罗非鱼

罗非鱼，丽鱼科（慈鲷科）罗非鱼属鱼类，属热带广盐性鱼类，可在淡海水中生长、发育和繁殖。原产于非洲，有600多种，我国养殖的品种有尼罗罗非鱼、奥利亚罗非鱼、莫桑比克罗非鱼、红罗非鱼、奥尼罗非鱼、福寿鱼等。

罗非鱼

罗非鱼是世界水产业重点科研培养的淡水养殖鱼类，且被誉为未来动物性蛋白质的主要来源之一。食性广泛，生长迅速，鱼刺少，肉质细嫩鲜美，营养丰富，富含蛋白质及人体必需的8种氨基酸，因此有“白肉三文鱼”“21世纪之鱼”之称。

6. 鲈鱼

鲈鱼，真鲈科花鲈属鱼类，是“中国四大名鱼”之一。常见种类有海鲈鱼、松江鲈鱼、大口黑鲈和河鲈。

鲈鱼

鲈鱼具有补肝肾、益脾胃、化痰止咳等功效，对肝肾不足的人群有很好的补益作用，是中国传统美食，以鲜美可口著称。在古代，鲈鱼经常被文人墨客写进诗词加以赞赏，经常用来比喻思念家乡、弃官归隐之意。例如，范仲淹“江上往来人，但爱鲈鱼美”，闲石“鲈鱼美味任君尝，何止秋风起洛阳”，张翰“秋风起兮木叶飞，吴江水兮鲈正肥”。

7. 鲤鱼

鲤鱼，鲤科鲤属鱼类，原产亚洲。鲤鱼约有2 900种，是淡水鱼类中品种最多、分布最广、养殖历史最悠久、产量最高者之一。在稻田里养殖有淡淡的稻花香味，因此又叫“禾花鱼”。

鲤鱼

鲤鱼营养价值较高，可益气健脾、补肝明目、止咳消肿。鲤鱼自古为人们所喜爱，是许愿求福的吉祥物。“鲤鱼跃龙门”，寓意金榜题名、步步高升。古人描写鲤鱼诗词很多，例如，李白“黄河三尺鲤，本在孟津居”，项斯“似龙鳞又足，只是欠登门”，陆游“鲤鱼财三尺，浅水不覆脊”，朱凤翔“竟说田家风味美，稻花落后鲤鱼肥”。

8. 鲫鱼

鲫鱼

鲫鱼，俗名月鲫仔、土鲫、喜头、鲋鱼，鲤科鲫属鱼类，是欧亚地区常见淡水鱼，为我国重要食用鱼类之一。

“最是一年春好处，正当鲫鱼肥美时”，鲫鱼四季皆产，尤以春季最为肥美。鲫鱼肉嫩味鲜，非常适合中老年人和病后虚弱者食用，也特别适合产妇食用。特别是鲫鱼豆腐汤，最受广大食客喜爱。历代文人墨客对之赞不绝口，例如，杜甫“鲜鲫银丝脍，香芹碧涧羹”，蒲寿宬“白水塘边白鹭飞，龙湫山下鲫鱼肥”，郑板桥“作宦山东十一年，不知湖上鲫鱼鲜”。

9. 黑鱼

黑鱼

黑鱼，别名生鱼、财鱼、乌鳢，鲤科鲤属鱼类，是池塘中谈之色变的“大魔王”，作为一种凶猛性的鱼类，是一种专爱吃鱼类的肉食性鱼类。

黑鱼还拥有在陆地上滑行的“特异功能”。黑鱼被《神农本草经》列为“虫鱼上品”，乃益脾除水之要药，可用于缓解久病气血亏损、下元虚损、腰酸腿软、湿痹水肿、脚气、疥癣等。黑鱼最经典的吃法之一，莫过于拿来做酸菜鱼，鲜嫩爽滑的口感，着实吸引了不少人。

10. 石斑鱼

石斑鱼

石斑鱼，鮨科石斑鱼属鱼类，广泛分布于热带和亚热带海域，中国主要分布于台湾海峡以及南海海域。石斑鱼有很多种类，如海红斑、东星斑、西星斑、泰星斑、豹星斑、老鼠斑、老虎斑、青斑、麻斑、金钱斑、苏鼠斑、红瓜子斑等。

石斑鱼是味道鲜美、高蛋白、高优质不饱和脂肪酸、氨基酸组成均衡的一种营养价值极高的优质海水鱼类。其营养丰富，肉质细嫩洁白，类似鸡肉，素有“海鸡肉”之称，具有温中补气、美容养颜、健脑益智等功效。石斑鱼的鱼皮胶质营养成分，对增强上皮组织的完整生长和促进胶原细胞的合成有重要作用，所以有“美容护肤之鱼”的称号。

11. 螃蟹

螃蟹，别称为蟹，是节肢动物门软甲纲蟹科动物。其分布见于所有海洋、河流及陆地。蟹的种类很多，中国蟹的种类就有600种左右。

（1）根据产地可分为河蟹、江蟹、湖蟹、海蟹4种。河蟹以辽宁、河北、天津产的著名，江蟹以南京产的为好，湖蟹以湖北梁子湖、江苏阳澄湖、山东微山湖产的品质较好，海蟹分布于中国南北各海域。

（2）根据生物性特点分为河蟹（中华绒螯蟹）、石蟹（篾蟹、溪蟹）、青蟹（锯缘青蟹）、花蟹（远海梭子蟹）、梭子蟹（三疣梭子蟹）、红蟹（十字蟹）、面包蟹（馒头蟹、逍遥馒头蟹）、晶莹蟳、三点蟹（红星梭子蟹）、旭蟹。

阳澄湖大闸蟹产于江苏苏州地区阳澄湖，是正宗长江区系中华绒螯蟹，也是第一个水产类中国驰名商标。阳澄湖大闸蟹历来被称为蟹中之冠。由于水域生态优良，阳澄湖出产的螃蟹，有壳体坚硬、肢体肌肉丰满、个体硕大的特点。

阳澄湖大闸蟹

和乐蟹，为锯缘青蟹，产自海南省万宁市和乐镇，故名“和乐蟹”，别名青蟹，是海南四大名菜之一。和乐蟹喜栖息在岛屿周围和港湾岩缝及浅海、滩涂、红树林沼泽地、围垦区、河口的泥滩。蟹黄多，肉也比较饱满。曾被列为贡品进贡朝廷，清朝时期就有“唐立送蟹”的故事，称“和乐肥蟹乃水产之珍品也”。

和乐蟹

蟹乃食中珍味，素有“一盘蟹，顶桌菜”的民谚。它不但味美，而且营养丰富，是一种高蛋白的补品。螃蟹含有丰富的蛋白质及微量元素，对身体有很好的滋补作用。蟹中含有较多的维生素A，对皮肤的抗老化有帮助。螃蟹还有抗结核作用，吃蟹对结核病的康复大有裨益。人咏蟹常用“蟹黄”“脂膏”“嫩玉”来形容蟹之鲜美。“蟹黄”指雌蟹体内呈条状的紫褐色的叶状卵巢（熟后变黄色）；“脂膏”指雄蟹无色透明胶状的精囊，熟后呈橘红色块状，有“胸中藏琥珀”之称；“嫩玉”指螯肉，即甲壳里洁白细嫩的蟹肉如脂如玉。自古以来，蟹又被誉为“水产三珍”，历代美食家对其称颂备至。宋代的大文豪苏东坡嗜蟹成癖，发出“不到庐山辜负目，不食螃蟹辜负腹”的喟叹。

12. 虾

虾是甲壳亚门十足目游泳亚目动物，有近 2 000 个品种，按出产来源不同，分为海水虾和淡水虾等。海水虾是口味鲜美、营养丰富、可制多种佳肴的海味，主要的海水虾包括对虾、红虾、褐虾、明虾、龙虾、琵琶虾等；主要的淡水虾包括河虾、青虾、草虾等；还有半咸水虾，如白虾等。虾的营养价值极高，能增强人体的免疫力，补肾壮阳，抗早衰。虾皮有镇静作用，常用来治疗神经衰弱、自主神经功能紊乱诸症。

基围虾，名称来历为广东近海区域的人们在其周围修建堤坝围栏，有些虾会在海水涨潮时越过堤围，在基围中长大，故称为“基围虾”。基围虾虾壳很薄，虾体肥硕，肉质鲜嫩味美，含有非常优质的蛋白质，以及钙、锌等各种人体所需要的元素。

白对虾，原产于南美洲太平洋沿岸的南美白对虾，是世界上养殖产量最高的虾种。虾壳较薄，虾体长而侧扁，全身通透无任何斑点，呈青灰色，虾肉白皙鲜嫩，肉质很有弹性，有种淡淡的甜味，非常适合老人、孩子食用。

基围虾

白对虾

大明虾，又称中国明对虾，属于在海水中生长的虾，个头很大。虾体肥壮，花青素含量高，蛋白质含量丰富，肉质肥厚，鲜美可口，经济价值较高。

竹节虾，也叫日本对虾，虾体带有蓝褐色横条花纹，虾尾后部呈鲜艳的蓝色和黄色，虾壳较厚，肉质紧实 Q 弹，富含铁和锌。

大明虾

竹节虾

罗氏虾，又称白脚虾，长臂虾科沼虾属动物，大型淡水虾类，有淡水虾王之称。因其体型大、壳薄、肉质鲜美、口感嫩滑脆滑，头部有较多的膏黄而闻名。罗氏虾含有丰富的营养价值，是一种高蛋白、营养丰富的水产品。

罗氏虾

13. 鳖

鳖，俗称甲鱼、水鱼等，鳖科鳖属爬行类两栖动物。鳖科有 7 属 24 种，中国自然分布有 3 属 5 个种，主要为中华鳖、山瑞鳖等。

鳖在中国传统文化中具有丰富的寓意和象征意义，代表着长寿、健康和好运，是吉祥的象征。鳖是一种美味又滋补的食材，有“五味肉”的美称，肉质集合了鸡、羊、牛、猪、鹿五种肉的特点，肥而不腻，鲜嫩多汁，不仅味道好，而且富含蛋白质、胶原蛋白、维生素和微量元素，能够增强人体免疫力、促进新陈代谢、延缓衰老。

中华鳖

中华鳖，体扁平，长圆形，是我国的土著品种，其营养丰富，肉质鲜美，可采用各种烹饪方法。

山瑞鳖，主要分布在我国广西、云南，个大、体厚，是国家二级保护动物。目前，人工养殖种群数量也开始逐年增多，其肉质鲜美，营养丰富。

14. 牛蛙

牛蛙，蛙科蛙属动物，是一种大型食用蛙。因其鸣叫声响亮，而且“哞哞”似牛叫而得名。原产于北美洲，我国主要分布于四川、广西、湖南、福建、广东等地。

牛蛙养殖是一种特种经济养殖业，因其易养、繁殖快、生长快、产量高、成本低、价值高，养殖前景广阔。牛蛙的生长周期一般是 6～12 个月。在饲养得当的情况下，大概在 70 天时蝌蚪就会蜕变成幼蛙，变态后的幼蛙饲养 5 个月左右个体可以长到 250 克，这时就可以作为商品蛙进行出售。

牛蛙

牛蛙全身都是宝，是集食用、药用用于一身的大型经济蛙类。牛蛙肉是上乘品质美味食品和高级保健药膳，是一种高蛋白、低脂肪、低胆固醇的健康食品；牛蛙肉还有很高的药用价值，夏季食用可避免皮肤生疮毒，手术患者食用可促进伤口愈合，肝、肺病患者食用可明显增进食欲。牛蛙皮是优质的乐器材料，上等的制革原料，还可提炼明胶；牛蛙油可制优质油脂，牛蛙脑垂体是高效的催产激素，牛蛙的下脚料可制成优质饲料。牛蛙还是良好的实验动物，是忠实的植保卫士。

（三）其他动物

1. 蝴蝶

蝴蝶，鳞翅目锤角亚目动物的统称，全世界大约有 1.4 万种，大部分分布在美洲，中国有 1 200 种。

蝴蝶

蝴蝶被誉为“会飞的花朵”，这些“大自然的舞姬”为雨林世界平添了几分旖旎迷人。蝴蝶寓意着爱情、自由、冲破束缚，“梁祝化蝶”的爱情故事早已深入人心，表达了对至真至美纯洁爱情的歌颂；“庄生晓梦迷蝴蝶”表达一种令人羡慕的田园生活；“破茧成蝶”则表明只有经过难熬的过程才能展翅翱翔。

2. 蜜蜂

蜜蜂是膜翅目蜜蜂科昆虫的统称。全世界大约有 1.5 万种，以热带、亚热带种类较多，中国有 1 000 种。

蜜蜂

蜜蜂被誉为“月下老人”，是勤劳、团队、奉献、务实精神的象征，在蜜蜂短暂的一生中几乎没有停歇过，蜂王、工蜂和雄蜂不但各司其职且能高效协作。蜜蜂酿造 1 000 克蜂蜜要造访 100 万～500 万朵花，飞行可达 45 万千米。“终日酿蜜身心劳，甜蜜人间世人效”等诗句便是真实写照。

3. 青蛙

青蛙

青蛙，蛙科侧褶蛙属动物，国家三级保护动物。青蛙是对人类有益的动物，常被人们称为庄稼的保护神，以昆虫为主食，是绝大部分农业害虫的天敌。

在民间，青蛙其旺盛的繁殖能力被膜拜为生育之神，寄托着多子多福、子嗣绵延的美好愿望；青蛙象征着丰收、硕果累累、四通八达，这在中国古代很多描写诗句，如“稻花香里说丰年，听取蛙声一片”“雨过不知龙去处，一池草色万蛙鸣”“林莺啼到无声处，青草池塘独听蛙”。

4. 松鼠

松鼠，啮齿目松鼠科的统称，全世界有近 35 属 200 多种，中国有 11 属 24 种，主要有树松鼠、地松鼠和石松鼠等。

在中国的传统文化中，松鼠有送福的象征，鼠叼金钱寓意招财，怀抱松子寓意送子，手捧元宝则寓意富贵。松鼠俏皮可爱，野逸自由，机灵聪明，宋代陆游《初春幽居》有“茂林处处见松鼠，幽圃时时闻竹鸡”之佳句，明代袁宏道《宿西山碧云寺水亭上》有“举首见仙人，云中捉松鼠”之妙语。

松鼠

5. 变色树蜥

变色树蜥，别称雷公马、四脚蛇，鬣蜥科树蜥属动物，《中国生物多样性红色名录——脊椎动物卷》中的无危物种。

变色树蜥行动迅速，爬行时常昂起头，能从这一树枝跳至另一树枝上。它天生具有一种执着和倔强的精神，相传是雷公的坐骑，头部像马，被它咬到，不打雷誓不松口。在生殖季节，雄性雷公马的头部呈红色，故称红头雷公马。

变色树蜥

6. 啄木鸟

啄木鸟，啄木鸟科鸟类的统称。除大洋洲和南极洲外，均可见到。我国各地均有分布，种类主要有绿啄木鸟、斑啄木鸟。

啄木鸟以“森林医生”而享誉中外，如《禽经》称这种鸟“志在木”，《异物志》

中有“穿木食蠹”的记载。啄木鸟受到人们的喜爱，并留下了不胜枚举的赞美之词：“不见啄木鸟，但闻啄木声”“吁嗟啄木鸟，尔心胡不然”“一啄高高一啄低，一声声急一声迟”。

啄木鸟

7. 鹦鹉

鹦鹉属鹦形目，是羽毛艳丽、爱叫的鸟类。鹦鹉种类繁多，如金刚鹦鹉、虎皮鹦鹉等，在世界各地都有分布，主要在热带雨林中。

鹦鹉羽色鲜艳，是美丽的象征，寓意美丽的人生，深受人们的喜爱和赞颂。鹦鹉乖巧伶俐、善学人语、才智过人、巧舌如簧，是鸟类中唯一能学人说话、唱歌的精灵，故有“鹦鹉学舌”的成语，歌喉美妙动听。鹦鹉一般成双成对，结伴而行，比翼高飞，对爱情忠贞，从一而终。

8. 蜗牛

蜗牛，一般是指腹足纲的陆生所有种类，在热带岛屿比较常见。全世界有 25 000 多种，我国常见食用蜗牛是玛瑙蜗牛（东风螺、菜螺）。

蜗牛是世界上牙齿最多的动物，有 2 万多颗，取食植物，产卵于土中或者树上。食用和药用历史悠久，汉代的《尔雅・释鱼》、明代的《本草纲目》都有详细记述。蜗牛背负重壳前行，寓意着勇往直前、脚踏实地、不屈不挠、锲而不舍的精神，拥有旺盛的生命力，不断追求幸福生活，不会被外界环境所折服。

鹦鹉

蜗牛

三　微生物资源

（一）热带食用菌

1. 竹荪

竹荪，别名竹参、竹笙、面纱菌等，鬼笔科竹荪属，是寄生在枯竹根部的一种隐花菌类，是世界上珍贵的食用菌，其体态优雅，在钟形菌盖下有裙状的菌幕，所以有“真菌之花”“菇中皇后”的美誉。竹荪之所以价格昂贵，不仅是因为它稀有，还因为它是一种非常好的保健食品，对中老年的高血压、高血脂、高胆固醇有调节作用，竹荪多糖对癌症有着明显的抑制作用。

红托竹荪

红托竹荪是一种清香型高档食用菌，营养丰富，脆嫩爽口，味道鲜美，具有朵大、肉厚、外观好、鲜嫩脆爽的特点。红托竹荪是已知竹荪中品质最好的一种，而织金红托竹荪又是其中之最。

2. 草菇

草菇

草菇，别名兰花菇，光柄菇科小包脚菇属，为热带和亚热带食用菌，因常生长在潮湿腐烂的稻草中而得名。300 年前我国已开始人工栽培，是世界上第三大栽培食用菌，我国草菇产量居世界之首，主要分布于华南地区。其肥大、肉厚、柄短、爽滑，味道极美，故有“兰花菇”“美味包脚菇”之称。草菇营养丰富，味道鲜美，富含 18 种氨基酸，还含有磷、钾、钙等多种矿质元素。

3. 猪肚菇

猪肚菇

猪肚菇，又名大杯蕈、大杯伞，多孔菌科革耳属，野生食用菌，成群地生长在林中地上。因其风味独特，口感似竹笋般的清脆，猪肚般的滑腻，因而被称为“笋菇”“猪肚菇”。猪肚菇子实体清脆、爽嫩、鲜美，其蛋白质含量与金针菇等相仿。

4. 秀珍菇

秀珍菇，别名为凤尾菇，侧耳科侧耳属，为热带和亚热带食用菌，有“菇中极品”的美誉。秀珍菇鲜嫩清脆、味道鲜美、营养丰富，蛋白质含量比香菇、草菇还高，而且纤维含量少，热量极低，就算多食也不怕发胖。它鲜美可口，具有独特的风味，美其名曰“味精菇”，因其得天独厚的抗病养生功能，秀珍菇成为炙手可热的佳品。

5. 黄金菇

黄金菇，别名为金顶蘑、榆黄蘑，侧耳科侧耳属的一种名贵食用菌，有“真菌之花”的美称。黄金菇味道鲜美，质地脆嫩，口感细腻，属高营养、低热量食品，长期食用，能健脑强体、润肺生津、补益肝肾、降压减脂，是老年心血管病患者和肥胖症患者的理想保健食品，入药可治疗肾虚、阳痿、弱萎症（肌萎）和痢疾等症。

秀珍菇

黄金菇

6. 虎乳灵芝

虎乳灵芝，又名核生柄孔菌、孤苓、老虎奶、虎乳菌，多孔菌科虎乳灵芝属，是一种珍贵的食用菌和药用菌，主要分布在东南亚及东非等地的热带雨林森林的阴凉潮湿地带。虎乳灵芝具有极高的药用价值，因其菌核含有丰富的蛋白质、矿质元素、多种维生素、真菌多糖、膳食纤维素等食药用成分，可以作为蛋白质（含 45%）、钾、钙、镁等元素、多糖等活性物质的重要来源。

7. 灵芝

灵芝，多孔菌科灵芝属菌类。灵芝是一种名贵中药材，在我国有着悠久的历史，是具有祛病延年、滋补强壮、扶正固本、有利于机体保持或恢复稳态的中药材，可用于多种疾病的治疗，且几乎无毒副作用。尤其对肿瘤、肝脏病变、消炎、失眠有显著疗效，有提高人体免疫力和抗癌作用，兼有抗衰老、解毒、抗菌等功能。

虎乳灵芝

灵芝

（二）农用微生物制品

1. 发酵豆粕

发酵豆粕（别名：生物肽）是利用现代生物工程发酵菌种技术，以优质豆粕为主要原料制作的饲料，具有提高畜禽、水产适口性、消化吸收率，促生长、缓解腹泻的功效。发酵豆粕以豆粕为原料采用独特的菌种和发酵工艺，微生物发酵过程中分泌的蛋白酶使大豆蛋白被分解成小分子蛋白和小肽分子，以此来提高豆粕的营养价值和消化率，常与饲料搅拌使用。

发酵豆粕

2. 光合细菌制剂

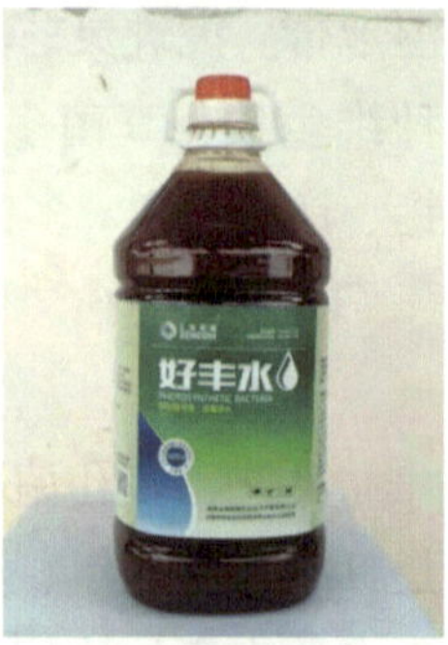

光合细菌制剂

从养殖池塘中筛选得到土著光合细菌菌株，将活力强、生长快速、颜色鲜艳、净化活力强的菌株进行复合搭配，研制成高浓复合光合细菌制剂，活菌浓度达 10^9 个 / 毫升以上，可用于淡水和海水养殖的水质净化，净化能力强，能显著降低养殖污水中有机物、氨氮、亚硝酸盐等多种污染物的含量，抑制有害病原体的生长，辅助抑制蓝藻暴发。此外，其提供多种维生素、类胡萝卜素、生长促进因子等活性物质，可促进水产动物生长、提高免疫力和抗病力。

3. 石斑鱼复合益生菌

石斑鱼复合益生菌

石斑鱼复合益生菌（特基拉芽孢杆菌）是一类活的微生物制剂，具有改善生物机体微生态平衡的作用，对致病微生物有一定程度的抑制作用。用益生菌配合饲料养殖水产具有提高饲料利用率、促进生长、防控疾病、降低成本、保护水体环境等优点。益生菌配合专用饲料，采用精准投喂技术，可节省渔药 30% 以上，还可显著减少鱼虾死亡率、尾水污染率。

4. 马尾藻制品

马尾藻，马尾藻科马尾属，生长在海边各种各样的栖息地上。它可以被提取出褐藻胶、甘露醇，幼藻可食用和作饲料，具有较高的经济价值，在食品、医药、保健、水产养殖和工业生产中都极具开发潜力。利用活性菌株降解马尾藻，利用其降解产物——海藻寡糖开发海藻有机肥和功能性生物饲料添加剂，能显著提高作物抗逆性，具有培肥地力等特点，现已成为全球生物农业重要的研究领域，应用前景广阔。

马尾藻有机肥

生物饲料添加剂

第五章

保障我国食物安全路径

一　我国食物安全保障现状与挑战

（一）我国食物安全保障现状

衡量和研判粮食安全保障水平，大多用粮食自给率指标（即国内生产量与消费量之比），也有部分国家或地区（如日本等）用国内粮食生产的热量等值与粮食消费的热量等值之比表示。过去相当长的时期内，我国粮食安全的基本方针是立足国内实现粮食基本自给，要求粮食自给率达到95%。党的十八大以来，我国实施粮食安全新方针，虽然没有提出自给率量化指标，但明确要求必须确保“口粮绝对安全、谷物基本自给”。

1. 我国食物自给率基本情况

新发展阶段树立“大食物观”，要求在确保粮食供给的同时，保障肉类、蔬菜、水果、水产品等各类食物有效供给。衡量我国食物安全保障水平，不仅要继续从生产消费角度关注口粮产品以及肉蛋奶植物油各产品的自给率，研判供给保障能力和自给水平，还要从农业资源供给角度，构建农业资源自给率以及食物自给率指标，形成食物供给保障的综合评价指标体系，系统评估我国食物安全综合保障能力和水平。

利用传统的产消自给率指标，相关学者测算我国主要农产品供需状况，评估30多年来我国粮食和主要食物产品供给保障水平的变化情况，得出主要作物产品（表5-1）、主要动物性食物（表5-2）的自给率。

表5-1　我国主要作物产品自给率

项目		1991年	2000年	2010年	2022年
小麦	生产量/万吨	9 595	9 964	116 141	137 723
	国内消费量/万吨	10 850	11 788	117 226	138 680
	自给率/%	88.4	84.5	99.1	99.3

续表

项目		1991 年	2000 年	2010 年	2022 年
稻谷	生产量 / 万吨	17 646	18 388	192 999	208 495
	国内消费量 / 万吨	17 481	18 516	186 143	210 890
	自给率 /%	100.9	99.3	103.7	98.9
玉米	生产量 / 万吨	9 877	15 161	190 752	277 203
	国内消费量 / 万吨	8 480	11 405	184 953	288 700
	自给率 /%	116.5	132.9	103.1	96.0
大豆	生产量 / 万吨	971	1 541	15 410	20 285
	国内消费量 / 万吨	876	2 815	71 010	114 250
	自给率 /%	110.9	54.7	21.7	18.0
植物油（国产油籽压榨）	生产量 / 万吨	517	953	9 055	10 724
	国内消费量 / 万吨	624	1 375	27 520	36 970
	自给率 /%	82.8	69.4	32.9	29.0
食糖	生产量 / 万吨	828	645	10 737	10 110
	国内消费量 / 万吨	581	984	13 622	15 610
	自给率 /%	142.6	65.5	78.8	64.8

注：本表自给率反映的是生产与消费比率情况，不考虑粮食储备库存供给因素。

资料来源：根据国家统计局、农业农村部市场预警专家委员会（2022）、OECD-FAO（2022）计算。

表 5-2 我国肉蛋奶产品自给率

项目		1991 年	2000 年	2010 年	2022 年
猪肉	生产量 / 万吨	2 452	3 966	4 555	5 138
	国内消费量 / 万吨	2 424	3 967	4 508	5 151
	自给率 /%	101.2	100.0	101.0	99.8
禽肉	生产量 / 万吨	397	1 196	1 339	1 657
	国内消费量 / 万吨	393	1 219	1 327	1 656
	自给率 /%	101.0	98.1	100.9	100.0
牛肉	生产量 / 万吨	154	513	568	629
	国内消费量 / 万吨	128	509	558	623
	自给率 /%	120.0	100.9	101.8	101.0
羊肉	生产量 / 万吨	118	264	350	406
	国内消费量 / 万吨	118	265	351	411
	自给率 /%	100.4	99.5	99.7	98.8

续表

项目		1991 年	2000 年	2010 年	2022 年
禽蛋	生产量 / 万吨	924	2 182	2 438	2 763
	国内消费量 / 万吨	920	2 175	2 429	2 752
	自给率 / %	100.4	100.3	100.4	100.4
奶制品	生产量 / 万吨	409	648	2 283	2 573
	国内消费量 / 万吨	409	646	2 279	2 572
	自给率 / %	100.0	100.3	100.2	100.0
水产品	生产量 / 万吨	1 425	3 617	4 271	5 032
	国内消费量 / 万吨	1 387	3 484	3 933	4 616
	自给率 / %	102.8	103.8	108.6	109.0

资料来源：根据农业农村部市场预警专家委员会（2022）、OECD-FAO（2022）计算。

测算结果表明，1991—2022 年的 30 多年，我国水稻、小麦等口粮产品保持高水平自给，但综合从农业资源配置需求看，食物供给保障水平的食物自给率呈持续下降趋势，具体表现为如下特征。

第一，粮食实现高水平自给。1991—2022 年，我国主食口粮水稻、小麦生产从 2.72 亿吨增长到 3.46 亿吨，年均增长高达 8.55%，超过同期口粮消费增长率，自给率长期保持在 96%～100% 的水平，30 多年来持续保持绝对安全。我国谷物生产也持续保持增长势头，虽然近 20 年养殖饲料消费需求大幅增长，谷物消费较过去增加 2 亿多吨，谷物自给率从过去 100%，回落到 95%～96%，但始终保持高水平自给格局。

第二，肉蛋奶等食物产品国内供给保障水平较高，基本实现高水平自给，如 2022 年已实现猪肉自给率 99.8%、禽肉 100%、牛肉 101.0%、羊肉 98.8%、禽蛋 100.4%、奶类 100%。

第三，自给率较低的是食用植物油（29%），大豆仅 18.0%。这意味着，畜产品自给率保持较高水平是以其蛋白饲料原料主要来源——大豆大规模进口、自给率大幅下降为支撑。大豆自给率从 2000 年的 54.7% 下降至 2022 年的 18.0%，植物油自给率从 69.4% 下降至 29%。

第四，食物自给率持续下降。我国食物自给率 1991 年为 122.9%，体现了 20 世纪 90 年代我国食物消费以口粮为主、肉蛋奶消费较少的结构特征，也反映了当时农产品出口被作为我国获取外汇的重要途径之一，使紧缺的农业资源错配，呈现出反向溢出效应。而自 21 世纪初开始，随着经济的快速发展、食物结构的逐步升级，我国食物自给率从 2000 年的 102.9% 持续下降到 2022 年的 67.6%。尽管目前我国保持口粮 100% 和谷物 95% 以上的高水平自给，但从农业资源供给和食物安全综合保障能力看，我国食物自给率只有 67.6%。这意味着，我国保持粮食高自给率的同时，食物消费的近

1/3，需通过利用国外农业资源来供给。其中如大豆，2022 年我国净进口 9 096 万吨，自给需要种植 6.9 亿亩大豆；植物油净进口 708.7 万吨，自给需要种植 2.8 亿亩大豆。2022 年我国净进口肉类 557 万吨、乳制品近 70 万吨，按现有养殖技术水平，我国需要种植 9 463 万亩玉米和 6 767 万亩大豆，共 1.6 亿亩来保障饲料供给。

2. 我国食物自给率持续下降的因素

导致我国食物自给率持续下降的主要因素有以下几个方面。

第一，人口持续增加使农业资源约束更加凸显。我国人口从 2000 年的 12.67 亿增加到 2020 年的 14.12 亿，增加 1.44 亿人，导致包括粮食在内的食物消费需求进一步增长。例如，口粮消费从 3.03 亿吨增加到 3.45 亿吨，增加 4 223 万吨，使耕地资源紧缺的矛盾更加突出。

第二，收入增长推动食物消费结构逐步升级，导致农业资源自给水平持续下降。2000—2022 年，我国人均 GDP（PPP）从 2 917 国际元增加到 19 918 国际元，增长 5.8 倍，是推动居民对肉蛋奶油等消费不断增加的基本驱动力。例如，人均主食消费逐步稳定的同时，肉类消费从近 17 千克增加到 55.8 千克；人均食用植物油消费从 10 千克增加到 27 千克。由此导致我国粮食消费结构由过去以口粮消费为主，转向口粮消费、饲用消费并重的新阶段。例如，谷物用于饲料消费，从 2000 年 1.15 亿吨增加到 2022 年的 2.51 亿吨，已经超过口粮消费规模（2.5 亿吨）。尤其是，由于豆粕是重要的动物蛋白饲料，随着肉蛋奶消费增长，大豆消费需求从 2000 年的 2 815 万吨增加到 2022 年的 11 425 万吨，增长 4 倍。食物消费升级带来的粮食消费结构转型，推动重塑我国农产品贸易结构乃至整个粮食供需结构。由于国内农业资源难以增加相应的食物和饲料原料供给，扩大国外农产品进口成为不可回避的选择。

第三，国内农业供给体系存在结构性短板。目前，我国畜产品较高的自给率，实质上是以大豆等蛋白饲料原料依赖进口为支撑，由此暴露国内蛋白饲料原料生产（油料作物生产）能力严重不足。据测算，目前国内饲料原料需求总量约 4 亿吨。其中，能量类饲料原料以玉米为主，需求量约 2.79 亿吨，可实现国内基本自给。蛋白类饲料原料主要以豆粕等油粕为主，需求量 9 400 万吨（其中豆粕 7 000 万吨，占 74.5%），但国内蛋白类饲料原料供给只有 1 800 万～2 000 万吨，自给率只有 19%～21%。

（二）我国食物安全保障趋势与挑战

根据新发展阶段我国食物结构变化的基本趋势，“十四五”时期及今后一个时期，随着我国逐步迈向高收入阶段，我国食物消费将进入总量进一步增加、结构持续升级的新阶段。根据学者的预测，今后我国食物消费及其保障水平将面临如下趋势和挑战。

第一，口粮及食用植物油消费基本进入成熟阶段，人均口粮消费和食用植物油消费将分别保持在目前的 140～145 千克和 27～28 千克水平，随着 2022 年我国人口增长到达峰值并进入负增长阶段，加之人口老龄化的深化，口粮消费总量将由目前的 2.5 亿吨，下降至 2030 年的 2.3 亿吨、2050 年的 2 亿吨，因此小麦、水稻作为口粮刚需的供给压力将逐步得到减缓。

第二，食物消费结构将进一步升级，肉蛋奶等动物性食品消费将持续增长。其中，2030—2050 年间，人均肉类消费有可能从目前的 55 千克，逐步增长到 60～70 千克的水平，接近目前韩国以及我国台湾地区的人均肉类消费水平。由此，将进一步推动能量饲料和蛋白饲料原料需求增长。预计今后玉米消费需求将增长至 3～3.2 吨，比目前增加 3 000 万～5 000 万吨；蛋白饲料原料需求，若按大豆需求等值推算，将增长至 1.2 亿～1.3 亿吨，比目前增加 1 000 万～2 000 万吨。

第三，谷物消费需求总量将进一步增加，饲料消费将成为谷物需求增长主导因素。今后我国谷物消费，将从目前的 6.7 亿吨增长到 2030—2035 年的 7.3 亿吨、2050 年的 7.2 亿吨，比目前将增加 5 000～6 000 万吨。其中，谷物的食用消费在谷物消费的比重，将由目前的 41% 下降至 35%，而饲用消费将成为今后谷物消费的主体，比重将保持在 50% 以上。

在此基础上，估计 2025—2050 年我国食物自给率变化情况（表 5-3）。

表 5-3　2025—2050 年我国食物自给率预测

项目	数据来源	2025 年	2030 年	2035 年	2050 年
国内农作物种植总面积 / 亿亩	假定农作物种植面积保持不变	253 043	253 043	253 043	253 043
农产品消费种植面积需求等值 / 亿亩	本书依据农产品消费预测值测算	399 041	413 390	419 005	389 190
食物消费种植面积需求等值 / 亿亩	本书依据食物消费预测测算	378 120	392 479	397 822	369 701
农业资源自给率 / %	国内农作物种植总面积 / 农产品消费种植面积需求等值	63.4	61.2	60.4	65.0
食物自给率 / %	国内农作物种植总面积 / 食物消费种植面积需求等值	66.9	64.5	63.6	68.4

资料来源：根据程国强（2020）农产品消费预测值计算。

预测表明，今后 30 年我国保障口粮和肉蛋奶植物油等食物有效供给，将面临更加严峻的挑战。其中，保障食物安全的资源压力将更加突出。测算表明，今后保障口粮和肉蛋奶植物油等食物有效供给，大致需要 42 亿亩的种植面积，这将导致我国食物自给率将从目前的 66.9% 进一步下降至 63.6%；我国利用国际农业资源将从目前的 14.6 亿亩增加至 16.6 亿亩种植面积。在 21 世纪中叶，当食物消费结构进入成熟稳定阶段，我国食物自给率将逐步回升至目前水平。

尤其值得重视的是，尽管今后我国将保持水稻、小麦的高水平自给，有能力牢牢守住确保口粮绝对安全的战略底线，但部分谷物以及大豆等饲料原料供需缺口扩大、自给率进一步下降的局面难以逆转。随着国际局势日趋复杂，我国肉类、植物油等食物供给保障的不稳定性和不确定性将进一步增加，今后我国食物安全保障将面临更加严峻的挑战。

二 大食物观下保障粮食安全的实施路径

深入践行“大食物观”，顺应新发展阶段我国食物结构变化的新趋势，应对食物安全保障面临的新形势新挑战，必须准确把握“大食物观”的实践逻辑，加快谋划新发展阶段我国食物安全保障战略对策。

（一）坚持辩证思维增加食物种类

运用辩证思维，全面处理好落实大食物观与保障粮食安全的关系。一方面，粮食属于“大食物”的范畴，粮食不仅是食物，也是生产其他食物必不可少的基础条件；另一方面，食物的多样化不仅可以改善居民膳食结构，让居民吃得更好、更营养、更健康，而且有利于开发全部国土资源，减轻耕地资源不足的压力。

1. 保持粮食基本自给

在大力开发利用全部要素资源中，必须把确保和加强粮食安全置于重中之重的位置。粮食在居民食物营养平衡中起基础作用，粮食是生产动物蛋白食物的基础原料。因此，为落实大食物观，必须打好粮食安全的坚实基础。要牢牢掌握粮食主动权，保持粮食基本自给，特别是确保 14 亿多国民的口粮（大米、小麦）完全自给，或者说口粮自给率稳定保持在 98% 以上。加强土壤保护与改良，继续推进高标准农田建设，优化耕地资源利用。加快农业科技创新和综合生产能力提档升级，进一步提高我国玉米、大豆等主要农作物的单产水平，着力提高土地生产率、农业全要素生产率，将促进全面提升农业综合生产能力。

2. 切实做强大食物产业

要积极落实“大食物观”，开发多样化特色食物。一是高质量发展“大食物”产业、草原“绿色食物”产业、海洋“蓝色食物”产业和生态型林业食物产业，因地制宜开发全部国土资源，增加猪、牛、羊肉以及牛奶、禽肉、禽蛋等动物蛋白食品供应，开发更多鱼类和水产品；二是要积极开发木本粮油等森林、园艺产品和菌类食品，向“不与粮争地”的“海洋牧场”“林下经济”索要特色食品。在增产初级产品的基础上，采用先进适用技术振兴畜牧品、水产品与森林食品的精深加工业，延伸产业链，有效增加附加值。三是大力开发利用微生物食物资源，开发利用真菌源蛋白、合成型替代蛋白等微生物产品，构建食用菌梯次加工技术体系和膳食模式，深度开发利用高维度、跨层次、多模态的微生物大数据，实现微生物食物资源的系统化、规模化、智能化研发。

（二）坚持系统观念拓展食物来源

合理利用多样化国土自然资源，全方位多元化拓展食物供给来源，提高食物综合生产能力。在不破坏自然生态系统的前提下，合理规划和利用山地、林地、草地、湖泊、海洋、荒漠等多样化自然资源，拓展海洋资源开发，深挖陆地资源潜力。

1. 面向有限耕地产食物

我国耕地资源总量不足、后备资源趋紧、水土资源匹配性弱的硬约束，使拓展食物生产的空间有限。一方面，强化科技支撑，深入实施种业振兴，聚焦提高粮食单产，释放耕地潜能；另一方面，在总量不减少、永久基本农田布局基本稳定的前提下，进一步优化耕地资源配置，利用撂荒地增大饲料粮播种面积，在合理过渡期内把过去在山上开垦的耕地逐步调整到山下，把山下的果树林木尽量调整为上山上坡，使农业生产空间布局更加符合自然地理格局和农业生产规律，用结构优化释放发展空间。

2. 面向丰富森林索食物

我国森林广阔，森林食物市场发展潜力巨大，要充分发掘优势，大力发展森林特色产业和特种养殖业。可以不断扩大椰子、橄榄等油料的生产规模，持续拓展食用植物油资源；可以发展林禽、林畜和林蜂等养殖业，持续拓展肉食链资源；可以依托生态工程实施，着力发展柑橘、桃梨和脆李等特色果业，持续拓展水果资源，真正让绿色林海成为老百姓的“油瓶子”“果篮子”“菜篮子”，为更好地满足城乡居民对多元食物的需求打下坚实基础。

3. 面向广袤草原种食物

我国粮食供需虽然稳定，但是仍然处于紧平衡，尤其是饲料粮等短缺矛盾突出，一定程度上还依靠进口来弥补结构性短缺。2023 年中央一号文提出“深入实施饲用豆粕减量替代行动”“建设优质节水高产稳产饲草料生产基地”。要树立种饲草就是种粮食理念，利用广袤的草原，加速发展饲草产业，逐步减少牛羊养殖对精饲料的消耗，实现化草为粮的成效；积极改良传统优质饲草，高质量建设现代饲草料产业体系，持续减缓我国饲料用粮短缺压力，减轻进口风险。

4. 面向水面资源养食物

江河湖海是天然的“蓝色粮仓”，我国水面资源丰富，水产品为我国居民提供了30%左右的优质动物蛋白。通过发展大水面生态渔业，可以获得更多的优质食物蛋白资源。沿海省份积极发展近海和深远洋渔业，提高海洋渔业发展数量和质量，提供更多的海洋鱼肉等食物资源；拥有淡水资源的地方，在大力发展淡水养鱼、养鳖、养虾、养蟹等的同时，大力发展菱角、茭白、荸荠等水上植物种植，不断拓展水面食物资源，共同奏响高质量水上田园牧歌。

5. 面向设施农业育食物

发展设施农业是扩大食物资源的有效途径，可以有效解决我国人多地少、土地后备资源严重缺乏等不足和难题。加快探索发展智慧农业、植物工厂、垂直农场、屋顶菜园，实现农作物的精细化种植和高效生产，有效缓解我国农业自然资源约束。设施农业涵盖设施种植、设施养殖和设施食用菌等，通过设施农业的重新布局，破解在食物生产中传统农业中的污染、土地瓶颈等痛点和弱点，产出更多更优更廉更绿的食物，丰富城乡居民的“饭碗”和国家的“粮仓”。

（三）坚持供给侧改革扩大食物供给

当前，国内粮食市场多重矛盾交织，新老问题叠加，部分粮食品种供过于求，相对过剩；普通品种储粮滞销，去库存任务艰巨。我国粮食供求的主要矛盾已由总量矛盾转变为结构性矛盾，矛盾的主要方面在供给侧。同时，我国农业粮食产业发展的外部环境和内在动因发生了深刻变化，使其进入结构升级、方式转变、动力转换的紧要关口。鉴于此，必须继续推进农业粮食供给侧结构性改革。

1. 补齐粮食供给结构短板

深化供给侧结构性改革的核心，在于提高供给质量与效率，改善供给结构。农业粮食供给侧结构性改革的方向是提高农产品供给质量，即提升其供给的总体质量及其相应的服务能力，以达到规定的标准与品质要求。第一，补齐产品的质量短板，确保优质粮食持续稳增。实施新一轮千亿斤粮食产能提升行动，努力推动粮食产能早日迈上新台阶，全方位夯实粮食安全根基。第二，补齐食用植物油料短板。基于食用植物油市场需求量大，而供给缺口大、进口数量大的状况，当前要因地制宜扩大大豆、油菜籽种植面积，增加产量，提高品质。第三，补齐农业粮食生产结构的短板。合理调整农业粮食生产布局，抑制“南粮北移”扩大的趋势，注重发挥南方地区积温高、土壤肥、水源丰沛的优势，合理扩大优质稻谷的生产，严格防止耕地“非粮化”。全面落实粮食安全党政同责，主产区、产销平衡区、主销区要“饭碗一起端、责任一起扛”。

2. 提高食物有效供给质量

深化食物供给侧结构性改革，要提高有效供给质量，包括健全产业产品标准，提升产品质量、品位档次、品牌形象。第一，转变发展理念，从偏重数量扩张转变为数量与质量并重，优先提高质量。第二，创新体制机制，具体包括建立农业粮食绿色发展的体制机制，建立工业和城镇污染向农业农村转移的防控机制，建立绿色农业标准体系，完善农业生态补贴机制等。第三，转变农业粮食发展方式，走转型升级、绿色发展和生态发展道路。要保持耕地数量不减少、耕地禀赋不降低、地下水不超采；健全化肥、农药等农业投入品减量使用制度；完善秸秆、畜禽粪等资源化利用制度，建立废旧地膜和包装废弃物等回收处理制度。第四，完善供给政策，从资源利用、产地环境、生态系统、绿色供给等方面采取措施，包括建立农业功能区，建立耕地轮作休耕制度，建立节约高效的农业用水制度等。

（四）坚持科学膳食改善食物消费

健康的身体同时也是美的象征和体现，是人们获得快乐和幸福的源泉。合理的饮食搭配能够预防多种疾病，如高血压、糖尿病、肥胖症等。保障和改善民生，提高居民“大健康”水平，必须倡导科学膳食消费模式。科学膳食是一种根本区别于传统的、非理性食物消费的消费模式。引导消费者选择营养均衡、低碳环保的食物，保护我国人民“舌尖上的安全”，不断提升“餐桌上的幸福”。

1. 推行科学膳食消费模式

推广“全面、均衡、适度”的健康饮食和可持续膳食模式。“全面”是指食物消费多样化，既包括谷物、薯类、豆类等多种植物性食物，又包括适量的动物蛋白食品，如猪、牛、羊、禽、蛋及鱼类等，这是构成科学膳食的基础；“均衡”是指人们食用的各种食物及从中摄取的必需营养素比例合理、相互平衡，即营养平衡，这是科学膳食的核心；“适度”是指消费的各种食物及摄入的营养素量，都要与人体的合理需要量相匹配，不可过度或不足，这是科学膳食的原则。引导消费者树立健康和可持续的消费观，通过教育、媒体和社区等渠道，提升公众对健康饮食的认知和意识，传达科学营养知识、健康膳食指南和食物多样性的重要性。同时持续开展光盘行动，减少食物的浪费和损耗，加强对餐饮业、企事业单位的监督和管理，严惩食物浪费行为。

2. 倡导营养平衡健康饮食

科学膳食模式涉及多样化的“大食物”与谷物豆薯等“主食品”之间的关系。客观而言，这两类食物（即主食与副食）之间既有互补效应，又有替代效应。禾谷与杂粮类食品及动物蛋白食品合理搭配，营养平衡，是有效加强人体健康的基石。落实大食物观旨在让居民吃得更丰富多样、更优质营养、更简约文明、更科学保健。要实现这个目标，科学膳食是主体，营养平衡是核心，合理消费是途径，人体健康是目的。落实大食物观，必须坚持合理膳食、营养平衡的现代营养学原理，消除误解或错误认识。例如，有人认为吃动物蛋白食品越多越好，甚至误以为可用多样化食物替代粮食。鼓励餐饮行业推行营养均衡的小份菜、半份菜模式，践行舌尖文明，形成珍惜粮食的社会风气，让居民自觉遏制食物浪费和过度消耗。

（五）坚持双循环格局实现食物保障

贯彻落实大食物观的整个进程，攸关局部与整体、数量与质量、生产与生态、城与乡以及国内外等方面的重大关系，必须解决好以国内大循环为主体、国内与国外双循环相配合的新发展格局。从有利于充分利用国际国内两个市场、两种资源出发，建立和形成我国农产品贸易布局，使其在落实践行“大食物观”过程中发挥重大作用。

1. 建立国内食物大循环体系

在百年未有之大变局、新贸易保护主义抬头等经济逆全球化的环境条件下，国际农产品供应链遭到“阻隔”甚至“断链”的冲击和挑战。为此，必须进一步发挥国内超大规模的市场体系优势，建立国内食物大循环体系。一是引入新理念，促进食物产业链、供应链和价值链融合发展；二是引入新平台，推广“互联网＋”平台，提升粮食等农产品特别是“大食物”市场体系的现代化水平；三是引入新技术、新装备，把各种物流要素、设施节点有机结合，使之成为统一的现代物流系统；四是引入新动力，充分发挥科技创新的威力，探索产业链、供应链的新形式，在提高粮食和“大食物”的大循环效率和效益中发挥关键作用。

2. 积极开拓新的国际市场

进一步开拓多元化市场、优化国际市场布局，推进贸易高质量发展。一是加快外贸企业转型升级，培育和增强竞争新优势，拓展多元化国际市场。特别是要进一步优化对新兴市场出口产品结构，扩大新兴市场的占比。二是加快自贸区建设，完善合作机制，搭建各类平台，畅通贸易渠道，提升贸易质量和效果。三是提供高质量公共服务，进一步营造市场化、法治化、国际化的营商环境。四是谋划建立国际大循环新体系，建设国际营销体系，持续优化国际市场布局。以“一带一路”沿线国家和地区为重点，加强农业科技合作，提升农业生产效率，向产业链供应链的广度、深度拓展；优先与周边国家和地区开展农业粮食合作，积极发展与东南亚国家的贸易关系，扩大优质大米、热带水果、棕榈油等产品的进出口；与中南美洲的巴西、阿根廷等国保持稳定的大豆等农产品合作关系，与北美、欧洲进行农产品正常贸易；积极“走出去”，促进要素资源在国际范围内的优化配置，如到俄罗斯、非洲等地创建农场，因地制宜种植粮食作物与经济作物。